子どもの「じんけん」まるわかり

汐見稔幸・新保庄三・野澤祥子／著

ぎょうせい

はじめに

人類は、よりよい方向に向かって生き進んでいるのでしょうか。人類は、少しずつでもかしこくなっているのでしょうか。

人間がよりよくなってきている、よりかしこくなってきていると判断する基準は二つあります。

一つは、何らかの対立があるときに、その対立をお互いに殺し合うことで解消するということをしなくなってきたかどうか、です。対立解決の手段としての殺し合い、つまり戦争という手段をとらないようになってきたかどうかということです。

もう一つは、戦いで勝った相手の人間を連れてきて奴隷にする、女性にさまざまな制限を設けて差別する、身分制度をつくって身分ごとにできることを差別する、肌の色が違うだけで差別する、障がい者を差別する、等々の差別を次第にしなくなってきたかどうかです。

後者について言えば、この百年で、さまざまな差別は確実に減少してきました。それは誰もが認める事実で、それ自体すばらしいことだと思います。

しかし、そうなればなるほど、例えばＬＧＢＴＱの人たちがそうであるように、今まで差別されていたことに意識的でなかった人々が、自分たちも言い知れぬ差別を受けていたということを自覚し表現するようになります。

しかし、見つけにくいのが、子どもという存在に対する差別です。なぜなら子どもは自分から差別されていると言わないからです。

子どもに関わる仕事をしている私たちは、子どもの気持ちを代弁する形で、子どもに対する差別を見つけ、表現し、克服していかねばならない責務を背負っている存在なのです。

この本は、子どもは独自の権利をもっているという認識がいかに生まれ社会で広がってきたか、そしてそれを自覚することがどれほど保育や育児という営みを、温かく、手応えのあるものにしていくのか等を、三名がそれぞれに論じ合ったものです。

この本を読んで、保育の営みの大事さや意味を、これまでとやや異なる角度から見つけ保育に活かしていただきたいと著者三名は切に願っています。

執筆者を代表して
汐見稔幸

もくじ

はじめに

STEP 1

人権を大切にするということ
——なぜ子どもの権利を学ぶのか
汐見稔幸

1 「人権」の基本を知ろう 2
1 人権とは何か 2
2 子どもの権利を考える 10
3 子どもの権利の本当の意味 15

2 保育者に伝えたい子どもの権利条約 24
1 子どもの権利条約の基本原理 24
2 保育者が大切にしたい条項 27

3 保育実践に活かす子どもの権利 36
1 子どもの権利を学び、考え続ける 36
2 全国私立保育連盟の報告文に見る子どもの叫び 39

●Work 1　私たちの園の「子どもの権利」を考えよう　42
●Work 2　私たちの園の「子どもの権利条約」をつくろう　44

STEP 2

子どもの権利条約の原点を探る
――コルチャック先生と子どもたち

新保庄三

1　子どもの権利条約が誕生した日　52
1　国連総会での出来事　52
2　ウオパトカ教授の言葉　53
2　なぜポーランドが「子どもの権利条約」を提案したか　58
1　ポーランドの歴史　58
2　ポーランドの子どものための法制度　59
3　ポーランドの宝　コルチャック先生　62
3　戦争とコルチャック先生をめぐる旅　66
1　コルチャック先生との出会い　66
2　ポーランド・アウシュビッツへの訪問　67
3　ワイダ監督との出会い　70

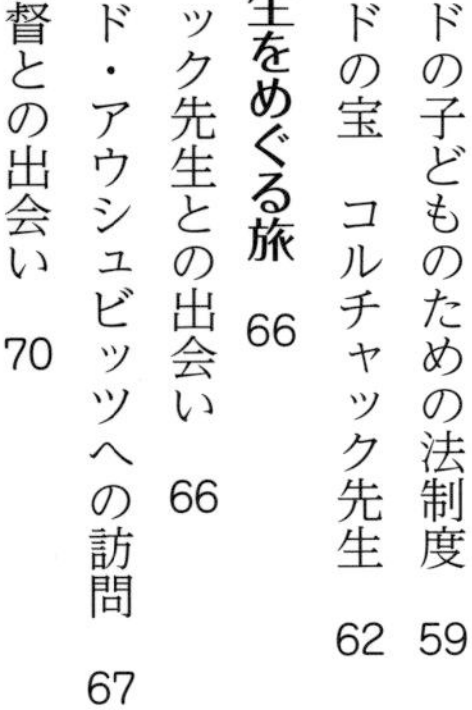

4 映画『コルチャック先生』が描いたもの 73

4 コルチャック先生とはどんな人か 76

1 コルチャック先生の軌跡 76
2 コルチャック先生の遺産 81
●Work 3 「子ども時代」とはどんな時代か考えよう 88
●Work 4 「子どもではない―そこにいるのは人間である」について考えよう 92

STEP 3

事例を通して子どもの権利を考える

野澤祥子

1 言葉 96

1 子どもの権利を自分事として捉えるために 96
2 事例 子どもの尊厳を傷つける言葉かけ 98
3 事例 厳しい注意 100
4 事例 「女の子なのに」 101
5 事例 無言のはたらきかけ 103

2 生活 106
1 事例 無理に食べさせる 106
2 事例 排泄時のプライバシーへの配慮 109

3 遊びや行事 112
1 事例 濡れ衣 112
2 事例 見ているだけでも 114
3 事例 意見を出し合う 116
4 事例 参加できる工夫 118

4 家庭との関係 122
1 事例 お弁当の準備 122
2 事例 噛みつきについての相談 125
3 身近な事例から子どもの権利を考えよう 128

資料 子どもの権利条約 日本ユニセフ協会抄訳 130

STEP

1

人権を大切にするということ

――なぜ子どもの権利を学ぶのか

汐見稔幸

「人権」とは何でしょうか？　「子どもの権利」はなぜできたのでしょうか？　私たちの祖先が目覚め、勝ち取ってきた人権の歴史をひもとき、保育者が心にとめておきたい「子どもの権利条約」のエッセンスを紹介します。

1 人権とは何か

① 人権の歴史

最近、人権という言葉がよく使われるようになってきました。保育の世界ではそうでもありませんが、世界を見渡すと、ミャンマーとかベラルーシ、香港等で人々の自由な言論が認められず、政権にいる人のことを少しでも批判することが許されなくなっていると聞いて、皆さんもどうしてだろう？と思われることが多いのではないでしょうか。人権が守られていないのです。

人間の歴史をひもときますと、ずっと昔は国家というものをつくって、ここからは私の土地だ、税金を払えば守ってやる、という制度がどこの地域でもつくられていきます。一方で、どの国家も、国家同士の争いに勝つために強い国家をつくろうとして、内部でのひび割れを許さない制度をつくりました。政権を批判する人を許さなかったのです。

それだけではありません。民主主義のモデルとされる古代のギリシャのアテネでも、アゴラという広場で自由に政治のあり方を議論できたのは男性だけでした。女性は家から自由に出ることも認められていなかった、徹底した男尊女卑のポリスだったと言います。

それ以来、国家は政権の中枢にいる人の批判を許さず、男性は、女性が男性と同じような振る舞いすることを認めない、ということがどこでも長く続きました。

それをようやく破ったのが有名なフランス革命とアメリカの独立運動でした。フランス革命のときに出された「人権宣言（人および市民の権利宣言）」は「人は、自由、かつ、権利において平等なものとして生まれ、

生存する。社会的差別は、共同の利益に基づくものでなければ、設けられない」という第一条から始まる、全一七条の短いものでしたが、それまで抑圧されてきた市民の願いや思いが情熱的な言葉で表現されています。ようやく王や貴族にかわって市民が政治の担い手になることが、神から認められた自然な権利だと宣言されたのです。

② すべての人の権利

しかし、この人権宣言の「人」にあたる言葉はフランス語のhomme（オム）、つまり英語でmanにあたる語でした。この語は人という意味もありますが、男という意味もあります。はっきりしないので、当時フランスのある女性が、人権宣言のオムと書いてあるところを、女を意味するfemme（ファム）に書き換えて国民公会で配りました。女性の「権利宣言」の文書にして配ったのです。その女性はどうなったか。反革命分子としてギロチンにかけられたのです。フランス革命の人権宣言は歴史的には貴重な遺産ですが、実は男権の宣言だったのです。

その後、各国で市民革命が続き、結果、身分制度がなくなり、多くの人が参政権を得ていきましたが、日本では女性が参政権を得たのはようやく戦後のことだったことはご存じでしょう。

しかし、人権の先進国と思われていたアメリカでは、リンカーンによって奴隷解放が宣言されたにもかかわらず、黒人たちへの差別は明確に残っていました。それが大きく問題になったのは南北戦争から一〇〇年ほど経った一九五〇年代後半で、そのときキング牧師を先頭に、インドのガンディーに倣い、黒人たちによる非暴力・非服従の人権獲得運動が広がったことは有名で、民主党の白人たちも黒人差別はおかしいと言い始め、ついにケネディ大統領からジョンソン大統領の時代にかけて、黒人にも白人と同じ公民権が与えられることになりました。黒人でも文字が書ける人は選挙で投票ができることになり（この読み書き能力という制限がなくなったのは一九七〇年代です）、黒人の子どもは、どこでも小学校に通えるようになったのです。

この成果に力を得て、まだ平等な権利が得られ

ていなかったマイナーな存在がその後、次々と権利の拡大のための運動に立ち上がります。それを国連の人権委員会が後押ししていきます。

例えば先住民の権利があります。アメリカ本土の先住民たちは、あとにヨーロッパから入ってきた白人たちにどんどん居住地を奪われていったのですが、西部劇は「正義の味方の白人」と「それに抵抗する先住民（当時白人たちに〝インディアン〟と呼ばれました）の悪者」という構図でつくられていました。冷静に見るとこれは侵略者が正義で、彼らに追われた先住民が悪人となっています。白黒逆になっているわけです。これはおかしいということで、先住民の権利を求める声が世界中の先住民たちから起こります。日本ではアイヌの人たちが代表です。国連は国際先住民年を制定して、先住民の権利擁護を後押しします。これによってようやく従来の西部劇がつくられなくなっていきます。

同じことが、障がい者、そして女性、そして子どもなど、世界のマイナーな存在について国際的な人権擁護・拡大運動が七〇年代には大きなうねりになって起こります。

③ 子どもの権利

この流れの中で、一九七九年に国際子ども年が制定され、世界中の学校に行けていない子どもたち、児童労働にいやいや向かわされている子どもたち、そして先進国で幼い頃から受験競争に巻き込まれて遊ぶことさえ十分できていない子どもたちなどの問題を真剣に考えようというキャンペーンが張られました。この国際子ども年の成果に立って、せっかく世界が、抑圧された子ども、解放されていない子ども、教育も受けられないでいる子ども等のことに関心をもって、そうした子どもたちにも人間らしく生きる権利を、と考えてきたのだから、その精神を条約にして、各国で子どもの権利をしっかり守ることを法的に義務づけようという機運が高まりました。

そのため国連の人権委員会内部に子どもの権利条約を制定する委員会

世界の人権に関する年表

1789年　人および市民の権利宣言（フランス人権宣言）
（1791年　女性と女性市民の権利宣言（フランス女性の権利宣言））
1914～18年　第一次世界大戦
1920年　国際連盟設立
1924年　子どもの権利に関するジュネーブ宣言
1939～45年　第二次世界大戦
1945年　国際連合設立
1948年　世界人権宣言
1959年　子どもの権利宣言（児童の権利に関する宣言）
1978年　ポーランド政府が子どもの権利宣言の条約化を提言
1979年　国際子ども年制定
1989年　子どもの権利条約（児童の権利に関する条約）
※日本国 1994年５月22日批准

がつくられ、熱心に議論が行われました。こうした委員会をつくるべきだと提案したのは、あとで説明するポーランドの委員でした。

こうした議論を一〇年重ね、ようやく全五四条の子どもの権利条約が出来上がったのが一九八九年で、この年の一一月二〇日（国連の「子どもの権利宣言（児童の権利に関する宣言）」全一〇条が定められた日からちょうど三〇年目の日）に国連で、世界中から子ども代表を集めて、子どもの権利条約の制定が宣言されました。このとき子どもたちの前で、この条約の前文を朗読したのは、かの有名な女優オードリー・ヘップバーンでした。彼女はオランダで、第二次世界大戦中、アンネ・フランクというユダヤ人の子どもが屋根裏部屋で隠れて生活していたのに見つかり、殺されたことにショックを受けたと言います。ヘップバーンもオランダ人だからです。そこでいくつかの映画に出たあと、世界中の子どもを守る運動に一生身を捧げた、そういう人でした。

こうして条約が制定され、各国で批准が進みますが、日本は世界でも遅れて批准した国でした。日本には、子どもに権利などを与えるとわがままになる、子どもには権利でなく義務を与えるべきだという思想、考え方が強かったからです。それに対して、全国各地で、子どもの権利条約を批准すべきという運動が広がり、ようやく五年後の一九九四年に日本も批准します。今はこの条約のことを知らない人はいないと思いますが、ここまでの道のりは平坦ではなかったことはよく知っていただきたいと思います。

④ 人権の重みと成果を享受すること

ここまでの説明でお分かりだと思いますが、人権とは、人間が生きるときに、できるだけ誰もが公平にそして人間らしく生きていけるために、あるいは誰もが同じように正義にあずかれるために、みんなで決めた、誰もが守るべき強い規範と言うことができます。それを法で保障することで、誰もが守るということが正当化されますので、法的保障は大事になります。

王や貴族だけ、男性だけという段階から、女性も、黒人も、少数民族も、先住民も、障がい者も、そして子どもも、誰もが同じように、生きていく上での便宜が図られ、いろいろな制度に参画でき、

意見を自由に言え、人格もその人の決定も尊重される、困ったときには誰もがきちんと支援される、それが人権です。

人権という考えは、その意味で誰をも公平に扱おうとする人間の良心の形でもあります。それが子どもにもようやく与えられるようになったわけです。そう考えると子どもの権利（人権）の歴史的な重みを誰もが感じるでしょう。私たちは、そうした先人たちの努力の上に、その成果を享受しながら、今、生きているのです。

2 子どもの権利を考える

① 子どもの権利への目覚め

では、ここからは子どもの権利と「子どもの権利条約」についてその内容を具体的に説明していきます。

子どもたちはこんな権利をもっています、子どもにもいろいろな権利があるんだよ、と言われるようになったのは、皆さんはいつ頃からだと思いますか。

実は、前に少し触れましたが、子どももちゃんとした権利をもっているということは、少し前までは全く思いもよらなかったことなのです。

貧しい家庭では、児童労働にどんどん駆り出されていくということが当たり前でした。朝ドラの『おしん』が世界中で見られたということは、ああした子どもの生活が各国にあるということを示唆しています。

エレン・ケイというスウェーデンの女性の社会思想家が『児童の世紀』という本を書いたのが一九〇〇年です。そのとき、スウェーデンでは、子どもは学校でも家庭でも、勉強が分からないというだけで体罰を受けるというような状況でした。それをエレン・ケイは厳しく告発し、二〇世紀こそ、子どもが親からも大人からも人間として温かく守られ生きることができる世紀にしようと呼びかけたのです。

これがヒントですが、子どもに権利があるという考え方が出てきたのは歴史的にはこのあたりの時期からと言ってよいでしょう。産業革命が各地に起こり、ひどい児童労働があちこちで常態になり、体罰もひどかったのを何とかしようという機運があちこちで高まり始めたのです。

② 子どもの権利と戦争

単なる思想だけでなく、実際の法的な制度、あるいは福祉政策などに子どもの権利のことが登場するきっかけとなったのは第一次世界大戦です。第一次世界大戦というのはヨーロッパが舞台だったのですが、とにかく武器がものすごく発達して、何百人もが一挙に殺されていくというようなことが歴史的に初めて起こった戦争です。人々の目の前で、です。フロイトは、それに驚き、人はどうして人を殺すということが平気でできるのかを研究し始めます。

実際に戦争が終わったら、家が破壊されてなくなったり、親が亡くなってしまっていたりという子どもたちがたくさん生まれました。巻き込まれて死んだ子どもたちもたくさんいました。

この子たちをいったいどうするのだ、浮浪者になって餓死していくのを放置するのか、ということが、当時戦争処理をしていた国際連盟（今の国際連合の前身）で議論になりました。そこで各国とも戦争

で犠牲になった子どもたちをなんとか守らなきゃいけないということで「子どもの権利に関するジュネーブ宣言」という文書が採択されたのです。一九二四年です。たった五条ですが、歴史的に初めて公的文書で「子どもの権利」という言葉が使われました。その中には子どもには食糧が与えられねばならないということも書かれています。

③ 賀川豊彦氏と子どもの権利

それからもう一つ、日本に、クリスチャンの賀川豊彦という人がいました。この人は、神戸で活動したときに、初めて生協や農民組合、労働組合をつくり、子どものために保育園をつくった人物として有名です。今の東京都葛飾区あたりでも貧しい人たちのために活動してさまざまな福祉活動と伝道をしました。皆さんもご存じかもしれませんが、神愛保育園という有名な保育園も賀川さんが立ち上げたものです。今この賀川さんの思いを継ぐ人

賀川豊彦の六つの子どもの権利

1．子どもは食う権利がある
2．子どもは遊ぶ権利がある
3．子どもは寝る権利がある
4．子どもは叱られる権利がある
5．子どもは親に夫婦喧嘩を止めてもらう権利がある
6．子どもは禁酒を要求する権利がある

たちが雲柱社という団体をつくって、たくさんの施設を運営しています。この賀川さんが東京深川での講演で語った言葉の中に「子どもの権利」という語が出てきます。賀川さんはそのとき六つの権利ということを提唱されます。その中には意外と思われますが「叱られる権利」というものも入っています。きちんと親に育てられる権利ということでしょうね。実はこの提案は、先述のジュネーブ宣言の三か月前に行われています。賀川さんはエレン・ケイなどの影響も受けていたのかもしれませんね。

④ コルチャック先生と子どもの権利

その後今度は、第二次世界大戦の際に、子どもの権利を守ろうと呼びかけた人が出てきます。第二次世界大戦の中心になった国は、ご存じのようにヨーロッパではファシズムのドイツです。その先頭に立ったのはかのヒットラーですが、ヒットラーは金持ちが比較的多かったユダヤ人への庶民の反感みたいなものをうまく利用して、ユダヤ人を全員殺すということを実践してしまいます。ホロコーストです。実際に七〇〇万人近くのユダヤ人が強制収容所に連行されて、毒ガスで殺されました。アウシュビッツの収容所、よくご存じでしょう。

アウシュビッツはポーランドにあるのですが、ポーランドにユダヤ人の医者でコルチャックという人がいます。このコルチャック先生は、ユダヤ人の孤児たちの施設をつくったりさまざまな活動をして子どもたちを守るのです。しかし、ついには、コルチャック先生の目の前で、守っていたユダヤ人孤児たちが銃殺されていき、最後にコルチャック先生も銃殺されたと言います。

そのコルチャック先生の言葉の中に、子どもには三つの権利があるというものがあります。子どもの死に対する権利、子どもの今日という日に対する権利、そして、子どもがあるがままでいる権利というものもあって、これは意義深いと思います。

ポーランドの人たちはこのコルチャック先生をものすごく尊敬していて、子どもの権利条約をつくろうと呼びかけたのもポーランドの人たちです。それは、そういう歴史と伝統があるからです（STEP2では、このことについて詳しく紹介しています）。

3 子どもの権利の本当の意味

① 子どもの権利条約の制定

こうしたいわば前史があって、戦後、日本国憲法ができたときに、子どもを守るための法整備が始まります。最初、戦争孤児の問題等が深刻になって、子どもを守るための法律、児童福祉法ができたのですが、それから少しあとに「児童は、人として尊ばれる」から始まる全一二条の「児童憲章」が制定されます。一九五一年の五月五日、こどもの日のことです。

世界でも同じような動きが始まり、一九五九年に国連で全一〇条からなる「児童の権利に関する宣言」が発表されます。先にも述べたように制定されたのは一九五九年の一一月二〇日で、そのちょうど三〇年後の同じ日に、「子どもの権利条約」が制定されています。子どもの権利条約は、こうした先人の努力の延長でできたものですが、三〇年前の「児童の権利に関する宣言」(宣言)とその後の「児童の権利に関する条約(子どもの権利条約)」(条約)の間には、項目が時代を反映して一〇項目から五四項目に増えたという以上の内容の変化があります。

② 「守る」「守られる」権利からの脱却

実は、これまで子どもの権利と言っていたものの中身、あるいは児童福祉で、子どもを福祉の対象とするというときの子どもへのスタンスというのは、貧困や暴力、あるいは児童労働、教育機会のはく奪等から、子どもを「守る」ということが中心的な内容でした。

自立能力が十分でない子どもはどの子も守られる権利があるのだ、という立場ですね。

でも、子どもを「守る」「守られる」権利という捉え方には、問題がいくつか出てきたのです。代表的には二つあります。

一つは、子どもの何をどう守るか、という肝心のことを決めるのが実はその子の周りにいる大人だということです。守る・守らないを大人が決めているということですね。子どもの権利が大人の価値観に左右されてしまうわけです。

もう一つは、子どもに激しい体罰を加えても、これは子どものためだ、という論理を打ち破る論理があまりなかったということです。今でもわが子を虐待死させる保護者の中には、子どもを厳しくしつけないといけないと思ったから、という言い訳をする人がいますが、しつけのためという大

義名分で何でもしてしまうことを認めない原理がうまくつくれていないということです。

この限界をどう克服して、子どもの権利の中身を充実させるか。皆さんはどう思いますか？

③「市民」としての子ども

国連の人権委員会では、あれこれの議論を経て、子どもを子ども扱いするのをやめて、人間として扱おう、そして子どもも市民として扱おう、という原理にすることが議論されました。

市民というと分かった気になるのですが、これはヨーロッパでは、とても大事な言葉です。ラテン語ではシビック。英語でシティズン。これは、人々が自分だけでは幸せになれないということからきている社会の最も基本的な用語ですね。

人間は家族とか地域社会とか、学校とか種々のコミュニティで生活します。人間は、そのコミュニティがみんなにとって温かく配慮深い、誰をも大事にするコミュニティだと、自分も幸せになりますね。そうでないと、誰かが苦しんだりします。そこで、一人の人間として、自分を大事にする力と、もう一つ、自分の属するコミュニティを善くする力の両方をもってもらおう、これを子育てや教育の基本にしよう、ということが議論されました。

そして、この後者のような行為を大事にする人を市民と言ったわけです。

別の言い方をすると、本当の意味での自治主体、つまり自分たちのコミュニティは自分たちで統治する、そういう意味での政治主体になるということです。これが市民です。

政治というと難しいと思うかもしれませんが、政治の本来の意味は社会の理想を形にしていくということですから、日常の中に転がっています。皆さんが保育をやって素敵な子どもたちを育てたいなと思っているのも大事な政治です。家庭も小さな政治、つまりミクロポリティクスの表現の場です。

それはともかく、そうした意味で、コミュニティの理想を実現していこうとする主体になり、社会の問題を論じ、決め、行動すること、これが市民の仕事です。

市民がこういうことができるためには、例えば言論の自由が保障されていなければなりませんね。思想・信条の自由とか信仰の自由とかもそうです。

子どもの権利条約は、こうした市民的権利を子どもにももってもらおう、ということを考えたのです。

例えば、キリスト教の中のカトリックや聖公会などの考え方の中には幼児洗礼というのがありますね。幼児洗礼は大事な儀式なのでしょうが、お母さんやお父さんがクリスチャンであれば自分はクリスチャンになるかどうかは選べず、いわば自動的にクリスチャンになってしまいます。子どもは選べないわけですね。最近ではそれはおかしいという考え方もありだいぶ変わってきているようです。何宗を信じるかは子どもに選ばせるべきではないか、というのが子どもの権利条約の考えです。実際に子どもの権利条約では、例えば一二条で、「子どもは自分に関係することは自分の意見を述べることができ、大人はその意見を尊重して対応しなければならない」という趣旨のことが書かれています。意見表明権と言っていますが、とても大事な条項になります。

これが大事にされると、先ほど述べた、子どもを守ると言っても、守るかどうか・どこを守るか等を大人が決めているという限界は大きく克服されるということが分かりますね。いつも子ども自身が、自分に関係することは自分の思い、意見を言いなさい、大人はその思い、意見を大事にして

行動するから、ということです。

④ 子どもの最善の利益

もう一つ議論になったことがあります。実際の生活場面では、これは何条にあたる、これは別条項の対象だ、などということはあまりありませんね。またこんなことを明確に書いている条項はないぞ、ということもあります。

そこで、迷ったとき、この原理をしっかりわきまえていれば、なんとか子どもの権利を守ることができる、ということを書こうということになりました。これをしっかりと理解していれば、いい対応は出てくるんじゃないかという原理ですね。

それがthe best interests of the childという言葉です。英語ではこういうフレーズです。ちなみに子どもの権利条約というのは、もとになっている言語が英語とフランス語、ドイツ語、スペイン語などいくつかありますが、日本語はないので、どこかの言語から翻訳されなければなりません。英語版ではthe best interests of the childとなっているんですが、これを一貫した原理にするということが書いてあります。

これを何と訳したらいいか。ご存じと思いますが、日本の多くのところでは「子どもの最善の利益」と訳したわけです。

親の利益と子どもの利益が矛盾することはよくあります。

昔、東京都板橋区にある民間保育園は、八〇年代から延長保育を夜七時までしていました。でも利用者が当時はまだ少なく、七時近くになると、二、三人の子どもが毎日広いホールで寂しく親の迎えを待っているわけです。その中のある子が、次第に欲求不満を行動に示し始めたのですね。

心配になった保育士さんたちは相談しました。それで、地域に「保育園に迎えに来て、自分の家でお母さんが迎えに来るまで面倒を見てくださる人はいらっしゃいませんか」というチラシを配ったんです。条件はお孫さんあるいは小さな子どもが一緒にいること、金もうけが目的ではない人、近所であること、などでした。すると四人ほど申し込んでくれて、それぞれに契約してもらったのです。その子はあるおばあちゃんの家で、お母さんが七時頃に迎えに来るまで、そのお孫さんと一緒に楽しく遊んで、こたつに入ってテレビを見たりみかんを食べたりしながら過ごせるようになりました。つまり家庭的な雰囲気を味わわせてあげることができるようになったわけです。

夕方から家庭的な雰囲気で生活するのは子どもの権利ではないかということで、お母さんの利益を優先した七時、八時の延長保育をやめたのですね。これは、できれば子どもの最善の利益を追求しようとして出てきた窮余の一策とでも言うものですね。

実際にそうはうまくいかないことは多々あると思います。でも、迷ったときはできるだけ子どもの利益を優先してほしい、これが子どもの最善の利益という考えです。

ただこれ、「最善の利益」と訳しましたが、この訳でいいかどうかは、課題が残ると思っています。interestという言葉を「利益」と訳したわけですね。学校でinterestという単語を習ったときは、「興味」とか「関心」という意味と習ったのではないでしょうか。訳は両方あるのですが、後者の訳を採用すると「子どもに対してベストな興味・関心をもつこと」というような意味になるわけです。そう考えたら、「最善の」ということを難しく考えず、interestを、できるだけしっかりと、深く、子どもに関心をもって対応する、というような広い意味で理解してもいいと私は思っています。

2 保育者に伝えたい子どもの権利条約

ここからは、保育者が子どもに関わる際に、とくに心にとめておいてほしい子どもの権利条約の基本的な内容や、条文を取り上げてお話しします。

1 子どもの権利条約の基本原理

① 内容による分類

さて、子どもの権利条約は全五四条からなります。後ろの方は手続き的な条項です。各条項は内容によっていくつかに分類できるという考えがあります。ユニセフ(公益財団法人全日本ユニセフ協会)の解説が分かりやすいのですが、ここでは、四つの分野があると分類しています。

一つ目は、子どもがちゃんと人間として生きていける権利に属する条項。二つ目は、子どもが人間としてきちんと育っていくために必要な権利の条項。三つ目は、これは従来からあったもので、子どもはいろんな意味で守られなければいけないという条項。そして四つ目が、子どももちゃんと自分たちの意見を言って参加する権利があるという市民的権利の条項。

まとめると、大きく、生きる権利、育つ権利、守られる権利、参加する権利となりますが、これは、これまで子どもを守るために言われてきた内容を分かりやすく整理したもので、一般に多い説明ですね。

② 基本原理

それに対して、四つの基本原理というものが書かれているという説明をすることもあります。これは、前に触れた内容による分類と重なりますが、今は世界でさまざまな人権の確立が言われるようになってきたことに近づけて分類しようとしたのですね。

一つ目が、命を守られる権利と、発達に関する権利、つまり生存及び発達に対する権利。命を守るための医療による権利や教育の権利、生活への支援ということがここに入ってきます。この生命、生存及び発達に対する権利という原理です。

二つ目は、子どもの最善の利益をいつも考えて対応してほしいという原理です。

三つ目は、子どもには参加する権利がある、自分の意見を言う権利があるという原理です。

四つ目は、あらゆる差別を克服するという原理です。

社会的な差別は、男女、つまりジェンダーによってだとか、何民族だからとか、何宗教だからとか、皮膚の色とか、障がいのあるなしとか、金持ちか貧乏かとか、いろいろありますが、可能な限りそうした視点、尺度で差別しないということが子どもの権利条約でも大事な原理になっています。

今、世界中で取り組まれているSDGsなどもこのことはかなり強調しています。どうしたら人間は考えが違うとか、思想が違う、あるいは宗教が違う、国が違うということで差別するということをしなくなるのか、これは本当に人類に突きつけられた大きな課題です。そのことがこの子どもの権利条約の中には、原理として書かれていると分

類するわけです。

2 保育者が大切にしたい条項

それでは、保育者にとってこの条項はよく知っていてほしいという条項をいくつか説明しましょう（ここでは、ユニセフ抄訳版（全文は一三〇頁参照）を引用しています）。

① 第一二条　意見を表す権利

先ほど述べた一二条です。意見表明権と言っています。分類したときの原理の一つとなっている大事な条項が一二条ですが、ユニセフでは「子どもは、自分に関係のあることについて自由に自分の意見を表す権利をもっています。その意見は、子どもの発達に応じて、じゅうぶん考慮されなければなりません」と、訳しています。

皆さんは保育の中でこのことを大事にしていますか。例えば、運動会。運動会はママやパパに来てもらえる日だけれども、今度の運動会で何をやろうか？　などと子どもにまず意見を聞いて、その意見を大事にして種目等を決めていますか。

小学校一年生のある先生は、入学後しばらく経って落ち着いてきたとき、「今は、君たちの座席を先生が勝手に決めてここに座りなさいとやっているけれども、だいぶ慣れてきたと思うから、これからも先生がみんなの座席を決めた方がいい？　それとも自分たちで座席を決めた方がいい？　どっちがいい？」と子どもたちに意見を聞いたのですね。ほとんどの子どもたちは「僕たちが決めた方がいい」となった。「分かった。じゃあどうやって決めるの？」とこれも子どもに投げ返した。その結果議論して「先生、決まりました」と言うので、「どうするの？」と聞いたら、「授業ごとに好きな席に座っていいことにしました」と言うのです。そこで、分かったということで、自由に自分で席を選ぶようにしたそうです。

するとf、苦手科目がある子は必ず「ちょっと変わってよ」って言って後ろの方に行くんだそうです。好きな科目はだいたい前に来る子が多い。するとその先生は、非常に授業がやりやすくなったと言います。授業を始めるときに、「はい、算数の授業を始めます」と言って、つかつかと教室の後ろまで歩いて行って、「はいみんな、こっち向いて」と一八〇度向きを変えさせるんですね。そうすると、苦手だからと後ろに行った子は、一番前にいることになって、「えー、先生ずるい」などと言うのですが、「先生どこで授業するかなんて全然言ってないよ」などと答えていました。

つまりこれは、どんなときでも子どもの意見を聞くという原理なのです。意見というのは英語ではviewです。言葉をまだ全部言えない場合でも、子どもの気持ちviewをちゃんと聞き取った上で、あるいは感じ取った上で、例えばおむつを替えるときも、「びしょびしょになったからおむつを替えたいんだけど、替えていい?」と子どもに聞いて、子どもがいいと言ったら替える、というようにしてほしいという原理です。

徹底してそうやっていくと、子どもは自分が大事にされているという深い自己肯定の感情をもちますし、誰もが自分の気持ちを言語化することが好きになっていきます。これは日本の教育がうまく取り組めていないところで、実は民主主義の基本になります。一二条はそういう意味でこれからの人間関係を民主主義的に変えていく原理になっていくはずです。

② 第一三条 表現の自由

一三条も、先述の市民的な自由の原理の一つで、思想・表現の自由という項目です。子どもは、自由な方法でいろいろな情報や考えを伝える権利、知る権利をもっています。ドキュメンテーションといって、その日の様子を保護者に伝えるために写真を撮ったりしているところがあると思いますが、年長だったら、「きょうの僕たち！」というように、子どもたちがその日の様子を写真に撮って、自分たちでお母さんたちに伝えるというようなこともやっていくといいかもしれませんね。

また、子どもたちが、先生に対して批判的なことを言ったとしても、それを「なんということを言うんですか！」などと頭ごなしで叱ってはダメです、という条項でもあるのですね。子どもが言うことに原則制限をしないで、まずは聞く、その上でどうしてそういう言い方をするのか考える、ということが保育者に求められるわけです。

③ 第一四条 思想・良心・宗教の自由

第一四条は思想・良心・宗教の自由です。これは先述のように、例えば家庭で、両親が「うちではこういうことをやるんだ」とか、「昔からうちはこういうふうになるんだ」と勝手に子どもの意見を聞かないで考え方を強制しないようにする、という原理です。もちろん宗教もそうですね。ある宗派の信徒になるかどうか、相談はするけど押し付けてはいけない、子ども自身が決めるのが原則、ということです。そういう意味で、子どもと常に対話しながら、子どもに価値観を選ばせていくことを大事にする原則で、道徳教育の原則でもあります。家庭だけでなく、保育園・幼稚園・こども園、それから学校でもそうですね。

④ 第一六条　プライバシー・名誉は守られる

一六条はプライバシー・名誉を守られる権利ですね。子どもは、自分の家や家族、住んでいるところ、電話や手紙などのプライバシーを守られる権利があるということが書いてあります。それから、他人からプライドを傷つけられない、そういう権利をもっているということです。

子どものことだからといって、勝手に「○○ちゃんはこの間ちょっと大変だったから入院していたんですよ」などとほかの人に簡単に言うと、子どものプライバシーが侵されることが起こりますね。

もちろん、お母さんのプライバシーも守らなきゃいけない。例えばある園で、うつのお母さんが「先生、大変。またうつになっちゃって、入院しなきゃいけないいんです。私、今本当に体が辛いんです」と言ったということがありました。そのときに保育士さん、どう励ましていいか分からなかったから、「お母さん大変よね。でも大丈夫よ。絶対よくなるから。○○クラスの△△さんってお母さんがいらっしゃるでしょう。あの人も大変なうつだったのよ。でも今あんなに元気にやっておられるでしょう」と励ましのつもりで言ったのです。でも、その名前を言われた大変なうつだった人は、本当

は周囲には隠したかったわけです。勝手にそういうことを言われたことで、あとで問題になってしまったということがありました。個人の名誉に関わることは、他人に言っていいかどうか確かめる。そういうプライバシーを守る原則を子どもにも適用するという条項です。

⑤ 第一九条　暴力などからの保護

一九条は、暴力などから子どもが守られる権利ですね。保護者が子どもを育てている間、どんな形であれ、子どもが暴力をふるわれたり、不当な扱いなどを受けたりすることがないように、国・社会は子どもを守らなければならないという条項です。当たり前のことなのですが、今保護者からの体罰が広がっている印象があります。子どもの態度が不自然、あざがあちこち、というようなときは園長等ときちんと相談して、園医や児童相談所あるいは要保護児童対策協議会と連携するなど、適切に対応する、という原則です。

⑥ 第二三条　障がいのある子ども

二三条は「心やからだに障がいがある子どもは、尊厳が守られ、自立し、社会に参加しながら生活できるよう、教育や訓練、保健サービスなどを受ける権利をもっています」という条項です。最近は、障がいがある子もない子も差別なく一緒に暮らしていこう、ということが社会の流れになっていることはご存じだと思いますが、それをソーシャルインクルージョンと言っています。

これは障がいがある子も一緒に暮らすことによって、自分は人間として尊重されているんだという感覚をもつとともに、障がいが特にないお子さんも、障がいのある子と一緒に暮らすことによって、世話ができるとか、障がいがある子はものすごく努力しているんだということを教えられるとか、いろいろな学びがそこにある、相互に学び合う、そういうことをインクルージョンと言っているのですね。この条項の「尊厳が守られ」「自立」という言葉の意味深化が大事な条項です。

⑦ 第三一条　休み、余暇、遊ぶ権利

最後にもう一つ、余暇の権利や遊ぶ権利ということも書かれているということを知っておいてください。子どもたちにはたくさん遊ぶ権利があるだけでなく、ちゃんと休む権利がある。いろいろな文化活動、素敵な音楽を聴くだとか、絵を描くだとか、鑑賞するだとか、踊るだとか、演奏するだとか、そうした文化活動に参加するという権利をもっている、という条項ですね。そう言われると、これを保育園などで十分保障しているだろうか、そ

う考えざるを得なくなりますよね。人間としてのふくらみを大事にするための条項だと思います。

3 保育実践に活かす子どもの権利

1 子どもの権利を学び、考え続ける

では、実際に保育園などで、この子どもの権利条約をどう活かしていくか、ということを私の話の最後に考えていきましょう。

① 保育現場でできる四つのこと

一つ目に、何よりもまず各園で、子どもの権利条約について、きっちりと学んでいただきたいものです。各園で担当者を決め、その人たちがまず勉強して学んだことを職員全体に報告し、疑問・質問を出し合ってみんなで議論し合う。その上で、わが園ではこういうふうに活かしていこう、ということを論じ合うといいでしょう。できれば一年間ぐらい続けてほしいですね。

二つ目に、学んだ内容を、子どもたちにどう伝えるかを研究してください。子どもの権

利条約の対象は〇歳から一八歳までの子どもです。条約には、その内容を子どもたちに分かりやすく周知することが義務づけられています。実際には、紙芝居などで説明する等を検討してほしいのですが、大事なのは、保育の各場面が子どもの権利条約の精神を反映したものになっているかチェックし、必要な改善を行っていくことだと思います。

三つ目に、日常の保育の実践や、子どもへの接し方などを、子どもの権利条約の考え、精神、原理等に照らして、適切だろうか、と吟味する姿勢をもちたいですね。保育の振り返りを日常化し、その内容をときどき権利条約の内容に照らして検討し合うようにすれば、子どもの権利条約が何を求めているかが、きっと実践的に分かってくると思います。

四つ目に、その上でですが、子どもの権利条約に限定されることなく、私たち自身が、子どもにはどういう権利があるのかと考え続けることもとても大事だと思っています。そのほうが子どもの権利という捉え方が間違いなく深まると思います。

②　園の基本方針に子どもの権利を活かす

そこで、皆さんにお願いですが、こうしたことを園で議論してほしいのです。それは「私たちの園の子どもたちには次のような権利があります」とまず書いて、次に「第一に○○○○○という権利をもっています」と書いて、それを園の基本方針にするとすると、この○○○○○にはどういう文言を書きますか、ということです。

カナダのある小学校では「私たちの学校では子どもたちは誰もが分かるまで教えてもらう権利をもっています」「誰も性別、人種別、言語別等で差別されない権利をもっています」などと書かれていました。そういうふうに、園の文化を子どもの権利を豊かにする方向でつくっていくことが大事だと思うのです。

この本では、そうして実際に花さき保育園・認定こども園風の丘・武蔵野市立境保育園で皆さんにやっていただいたワークと、その結果を紹介しています。

2 全国私立保育連盟の報告文に見る子どもの叫び

公益社団法人全国私立保育連盟は、数年前に子どもの権利条約と保育というテーマで、園でどう取り組むか議論し合いましたが、その報告文の中に次のような子ども自身に代わる叫びのような言葉が紹介されています。

①〈ひとりぼっちにしないで！〉

これは今、社会で問題を起こしてしまう青年がすべて孤独な存在であるということを念頭に置いているのだと思います。子どもはかつて地域で結びついて友情をはぐくみ育ちましたが、地域が成り立たなくなり、学校が競争の論理で支配されるようになって、共感と共苦の論理で結びつき合うことが難しくなっている現実があります。そのような中で、精神的に孤独でない子どもをどう育てていくかが保育の課題と考える、ということからきているのだと思います。

②〈愛される権利―子どもの基本的権利〉

『子どもを愛することほど難しいことはない』というタイトルの本が昔出ましたが、子どもは、愛されるという最も大事な栄養を幼い頃にたっぷりともらい、蓄えないと、心の中に隙間をつくってしまいます。家庭の状況がさまざまな中で、保育園、幼稚園、こども園で、子どもを愛するということはどういうことか、そのことを私たちの園では深く考え続けます、ということでしょう。

③〈呼びかけ、向き合ってもらう権利〉

これも関連していますが、先生からも、友達からも、時には地域のお年寄りからも、いつも呼びかけてもらう存在になる、これだけで、子どもは生きているということのリアリティを心の深くに刻み込めます。

この逆が無視するということで、学校ではいじめの方法として「シカト（無視）する」ことを有力な方法としているのはご存じでしょう。子どもの生きる権利を大事にするには、どの子にも呼びかけ、どの子もいつでも向き合ってもらえる、そんな園になりたい、という願望でしょうね。

これらは一例です。次頁からは、園で取り組めるワークを載せています。皆さんの園で、「私たちの園の子どもたちには次のような権利があります」というテーマについて、ぜひ研究していただきたいと思っています。

Work1　私たちの園の「子どもの権利」を考えよう

●「私たちの園の子どもたちには次のような権利があります。」こう書いた後にあなたなら何と書きますか？ 考えてみましょう。

いくつかの園でワークを行ったところ、以下のような権利が挙げられました。「こうだったらいいな」という理想も挙げているようです。

皆さんも自由な発想で考えてみてください。各自が挙げた権利について、なぜそう考えたのかも併せて園で共有し、対話してみるとよいでしょう。

〔例〕

・登園から降園まで安心できる空間で過ごせる権利　・楽しく一日を過ごす権利　・大事なものが守られる権利　・ありのままで自分らしくいられる権利　・自分も家族も大事にされる権利　・自分の生活は自分でつくる権利　・心とからだが満たされる権利　・愛される権利　・自分でやりたいことを選び、決める権利　・自分の気持ちや考えを言う、伝える権利　・喜怒哀楽を表現し、受け止められる権利　・友達とつながる楽しさを経験する権利　・時々着替えたくないときは、大人に手伝ってもらえる権利　・保護者と保育園、地域など大人たちの連携の中で育つ権利

〔記入欄〕

●「子どもの権利条約」の条文を読み、乳幼児の実践を通して、あなた自身の言葉で表現し、書いてみましょう。

(1)　主な条文について、それぞれの権利を具体的に説明しましょう。なぜそう考えたのかも併せて園で共有し、対話してみてください。いくつかの園で挙げられた中から、以下に例として示しましたので、参考にしてください。

〔例〕

第一二条　意見を表す権利 子どもは、自分に関係あることについて自由に自分の意見を表す権利をもっています。その意見は、子どもの発達に応じて、じゅうぶん考慮されなければなりません。	・大人にとってあまり都合がよくないことでも、子どもはそれをきちんと伝えることができ、大人はそれを冷静に聞かなければならないという権利 ・自分の体験や、今の思いを伝えられる場所や時間が保障される権利
第一三条　表現の自由 子どもは、自由な方法でいろいろな情報や考えを伝える権利、知る権利をもっています。	・難しい事柄であっても、大人は分かりやすく子どもに伝え、子どもはいろいろな情報を得た中で自分はこう思うと言える権利 ・いろいろななぜや不思議を感じ、聞いたり、調べたりしたことを自由にみんなに伝えることができる権利

第一四条　思想・良心・宗教の自由 子どもは、思想・良心・宗教の自由についての権利をもっています。	・自分の考えていること、よいと思っていることを、誰からも「おかしい」とは言われない権利 ・先生からそういう考え方はダメなどと頭ごなしで否定されることがない権利
第一六条　プライバシー・名誉は守られる 子どもは、自分や家族、住んでいるところ、電話や手紙などのプライバシーが守られます。また、他人から誇りを傷つけられない権利をもっています。	・一人ひとりの秘密や内緒が守られる権利 ・大事な宝箱を勝手に開けられない権利 ・乳幼児であっても、裸やプライベートゾーンを見られないように配慮される権利
第一九条　暴力などからの保護 親（保護者）が子どもを育てている間、どんなかたちであれ、子どもが暴力をふるわれたり、不当な扱いなどを受けたりすることがないように、国は子どもを守らなければなりません。	・大人からの暴力や不当な扱いから守られる権利 ・言うことを聞かないからといって、叩かれたりしない権利 ・園で親子の関係に配慮される権利
第二三条　障がいのある子ども 心やからだに障がいがある子どもは、尊厳が守られ、自立し、社会に参加しながら生活できるよう、教育や訓練、保健サービスなどを受ける権利をもっています。	・どの子も差別されたり、偏見の目で見られることなく、平穏な生活を送ることができる権利 ・子どもたちの多様性が大事にされる権利。そのために園の職員チーム全員で対応してもらえる権利
第三一条　休み、遊ぶ権利 子どもは、休んだり、遊んだり、文化芸術活動に参加する権利をもっています。	・時間やカリキュラムに縛られずに過ごす権利 ・一人ひとりのペースで遊んだり休んだりを選べる権利 ・四季折々の行事・歌・体験・体感をする権利

条文	記入欄
第一二条　意見を表す権利 子どもは、自分に関係あることについて自由に自分の意見を表す権利をもっています。その意見は、子どもの発達に応じて、じゅうぶん考慮されなければなりません。	
第一三条　表現の自由 子どもは、自由な方法でいろいろな情報や考えを伝える権利、知る権利をもっています。	
第一四条　思想・良心・宗教の自由 子どもは、思想・良心・宗教の自由についての権利をもっています。	
第一六条　プライバシー・名誉は守られる 子どもは、自分や家族、住んでいるところ、電話や手紙などのプライバシーが守られます。また、他人から誇りを傷つけられない権利をもっています。	

第一九条　暴力などからの保護 親（保護者）が子どもを育てている間、どんなかたちであれ、子どもが暴力をふるわれたり、不当な扱いなどを受けたりすることがないように、国は子どもを守らなければなりません。	
第二三条　障がいのある子ども 心やからだに障がいがある子どもは、尊厳が守られ、自立し、社会に参加しながら生活できるよう、教育や訓練、保健サービスなどを受ける権利をもっています。	
第三一条　休み、遊ぶ権利 子どもは、休んだり、遊んだり、文化芸術活動に参加する権利をもっています。	

(2)「子どもの権利条約」の中から一つの条文を選んで、乳幼児の実践での事例を挙げてみましょう。

〔例〕

条文：第一二条　意見を表す権利

事例：【入園直後の一歳児】保育者に抱かれ、体の一部をくっつけていることで、何とか園生活を過ごすことができている日々。

ある日、戸外に出ると、表情が少し和らいだ。「ベビーカーからおりて歩く?」と聞き、そっと抱き上げると、嫌がることなく自ら地面に足をつける。しかし、その場から動けない。手をつなぐとギューッと指を握り、歩き出した。不安が指に出ていたため、「手をつないでいようね。離さないからね」と伝えた。保育者が他児に関わるため、「一回手を離すけれど、必ず戻ってくるよ、いい?」と聞くと目を合わせて理解してくれ、〝コクン〟とうなずき、待っていてくれた。元に戻ると、また指をしっかり握った。そのうち、指を離し、自ら歩き出し、保育者より先をトコトコ歩いて行った。地面は土から砂利道になっていたが、バランスを取りながら一人で歩くことを楽しんだ。

〔記入欄〕

条文：

事例：

STEP 2

子どもの権利条約の原点を探る

――コルチャック先生と子どもたち

新保庄三

「死の行進」とよばれる、コルチャック先生と子どもたちの悲しい出来事は、映画など多くの作品で伝えられています。子どものために、保育者はどんな存在であるべきでしょうか？ 子どもの権利条約の源流、ポーランドへ。コルチャック先生に出会う旅に出かけましょう。

1 子どもの権利条約が誕生した日

どんな大河も必ず一滴の水から始まります。「子どもの権利条約」の最初の一滴とは何か。「子どもの権利条約」の原点を考えてみたいと思います。

1 国連総会での出来事

一九八九年一一月二〇日、第四四回国連総会において、全会一致で「子どもの権利条約」が採択されました。この条約が採択された日の午後、国連総会の広い会議場に、ニューヨークに住む世界各国の子どもたちとニューヨーク市内の子どもたちが集まりました。そこに国連事務総長、ユニセフの関係者、政治家、学者、芸術家などが集まって、「子どもの権利宣言」の三〇周年と合わせて、「子どもの権利条約」の採択を祝う会が開かれました。

集まった子どもたちや国連代表たちの前で、女優のオードリー・ヘップバーンさんが、今度の権利条約の母体である一九五九年の「子どもの権利宣言」を美しい英語で、一言ひとこと噛みしめるようにはっきりと読み上げました。

2 ウオパトカ教授の言葉

そのあと子どもたちの質問に答えて、この条約の作成に努力した国連子どもの権利条約案準備のための委員会議長のアダム・ウオパトカ教授が、この条約を提案した理由について次のようにあいさつしました。

（ウオパトカ教授になったつもりで声を出して読んでみてください。）

＊　＊　＊

私は国連人権委員会により、「子どもの権利条約」のプロジェクトをまとめていくため任命された仕事のグループの委員長として、また報告者として、この条約がこのパーティーの一時間前の国連総会で満場一致で決議されたことに、深い喜びを噛みしめております。私にこの使命を与えてくれた一一年間の仕事に、個人的な満足を覚えています。

しかし、私がとりわけうれしく思うのは、どこの国か、どんな民族か、どこの国籍かにかかわらず、子どもが当然置かれるべき今日的でグローバルな基準が決められたことです。

人類がその未来を託す新しい世代にとって、この条約が法律的な基礎となるのです。

「子どもの権利条約」のプロジェクトを推し進めていたポーランドは、一九七八年当時、なぜ条約の提案をしたのかとよく質問されました。当時の委員会のポーランドの代表として、次のように答えています。

一九一四年から一九一八年の第一次世界大戦下、とりわけ一九三九年から一九四五年の第二次世界大戦下のポーランドで、ものすごい数の子どもたちが戦争の犠牲となりました。何十万という数の子どもたちが、爆弾の投下やポーランド国内での直接的な戦闘参加によって死にました。何十万という子どもが飢えに苦しみ、伝染病の犠牲となり、基礎的な医療さえ受けられませんでした。

何十万という数のユダヤ系ポーランド人の子どもたちが、ヒットラーの指揮する占領者によって計画的に殺されました。何十万という数の子どもが、自分の家から家族とともに立ち退かされ、異国の他に住まわされました。約二〇万人のポーランドの子どもたちが、ゲルマン民族であるということで家族から引き離され、ドイツ化するためにドイツ人の家族に引き渡されました。

戦時下のポーランドの子どもたちは、勉強する機会や遊びや休暇の楽しみを奪われました。子ども時代というものを奪われたのです。条約のプロジェクトを推し進めているポーランド政府は、この種の不幸が世界中のすべての子どもたちに繰り返されないために、このはじまりにひと役買ったのです。

第二次世界大戦後ポーランド政府は、子どもを取り巻く環境の改善に秩序だてた効果的な政策を進めるべき子どもたちに、健康と教育と社会的な保護の保障を掲げました。より多くの子どもたちが休暇やスポーツ施設を利用できるように多くの行動をしました。住宅の建設も大規模に展開しました。若者の完全な雇用も保障しました。

「子どもの権利条約」のプロジェクトを推し進めているポーランド政府は、この方策でこれらの成果が世界中に広がることを望みました。ポーランドは世界にとってまさにこれらの信ずるべき先駆者でした。ポーランドの先駆性は、国連によって敏速に取り上げられたのです。

ポーランドの教育学、哲学は、すでに一九一八年から一九三九年のあいだに新しい近代的な幼

子どもの権利条約採択を報告するボーイスカウトの男の子たちと、ユニセフ事務局長・国連事務次長、ユニセフ親善大使オードリー・ヘップバーン。
© UNICEF/UNI40118/Mera1989年

年時代についての捉え方、モデルを形づくっていました。それは、子どもは配慮したり世話を焼いたり教育をしたりするだけの対象ではないということです。子どもについての捉え方は、戦後、効果的に継承されています。

子どもは希望と夢をもって自分の世界に生きる、自らの個性をもつ人間です。子どもは誇りをもち、必要とされている特別な法律が与えられる権利をもつ主体であります。子どもの人格は尊ばれるべきものであります。どのように表現することができるかに応じて、子どもの意見は当然尊重されるべきものであります。子どもは今現在人間である。将来人間になるものではありません。

こうした考え方は、医者であり哲学者であり教育者であったヤヌシュ・コルチャックが形づくったものです。彼は最後まで自分の思想に忠実に生き、その生涯を閉じました。子どもたちだけを手放すことなく、彼らとともにガス室で殺され焼かれていったのです。

条約のプロジェクトの推奨者ポーランド政府は、この新しい幼年時代の捉え方、モデルが、世界中で幅広く承認される条約の仲立ちとなることを望んでいました。条約のプロジェクトを推し進めていたとき、ポーランドは社会主義諸国の一員でした。当時は冷戦の時代でした。西欧諸国は自分たちだけが人権と基本的な自由の推進者だと表明しました。ポーランド政府は条約のプロジェクトを提起しながら、ポーランドもまた人権の分野で世界の進歩に建設的にひと役買うことを表明したかったのです。この立場は他の社会主義国によって支持され、時とともに世界中の国々から好意的に迎えられました。

（クリス・クシシュトフ・オストロクスキ／永島京子訳）

＊　＊　＊

子どもが幸せに、平和に生きられる社会こそ、すべての人間が幸せに、平和に生きられる社会なのです。園児を戦場に送らない社会をつくることが、私たちの仕事だと思います。そのグローバルの基準が「子どもの権利条約」だということが分かるでしょう。

2 なぜポーランドが「子どもの権利条約」を提案したか

前節のアダム・ウオパトカ教授のあいさつを手がかりにして、コルチャック先生を訪ねる旅を企画し、なぜポーランドが「子どもの権利条約」を提案したのかについて考えてみました。

アダム・ウオパトカ教授には一九九八年八月三日、ワルシャワのホテルで個人レッスンを受けることができました。私は、ポーランドが「子どもの権利条約」を提案した理由を大きく三つに分けて考えています。

1 ポーランドの歴史

一つ目は歴史的な理由です。

ポーランドそのものが、子どもの権利条約を提案するにあまりある歴史的経緯をもつ国だということです。つまりウオパトカ教授も言うように第一次世界大戦、第二次世界大戦で、ポーランドの子どもたちが最大の犠牲になったことです。

第二次世界大戦で亡くなったポーランド人は七〇〇万人、そのうち一四歳以下の子どもたちは二〇〇万人と言われています。また戦争で親を亡くした子どもたちが一番多かったのもポーランドです。そして何よりも、長い間自国を奪われたポーランドの歴史そのものが戦争を告発しているのです。

「子どもの権利条約」が採択されるまでの歴史的な経過を見ると、まさにこの戦争ということが大きな意味をもっています。ウオパトカ教授は先のあいさつの中で、子ども時代というものを奪われた子どもたちの不幸が、世界中のすべての子どもたちに繰り返されないためにこの条約を提案する役をポーランドが担ったということを述べています。この条約を提案した最大の理由は、平和に対するポーランドの人々の強い願望なのです。

2 ポーランドの子どものための法制度

二つ目の理由は法律的な、政治的な理由です。

ポーランドは子どもの権利に関し、法律的には世界のパイオニア的な存在でした。ポーランドは一九七〇年代に入って、子どもの権利の促進と保障を目的とする努力を先頭きって行う国であると自負するようになりました。当時のポーランドの子どもの権利の状況は、それまでの状況、戦時中に比べれば向上してはいたものの、充分に理想的な状態にあるとは言えませんでした。これらの改革において特に重要なのは、権利を平等に享受できること。例えば人権は国籍による差別をされないという原則が確立されたことです。なかでも嫡出子と非嫡出子の権利の平等が保障されたのは重要なことでした。

また教育制度は、小学校が八年間、高校が四年間、技術訓練をする学校が五年間、専門教育を行う学校が三年間という形で整備されました。大学も新しく設立され、幼稚園や保育園も整備されるようになりました。〇歳から一歳までの子どもの医療が無料とされるようになりました。

司法の分野でも新しい改革が行われました。新しい刑法が定められ、一三歳までは犯罪の責任能力がないことを決められたほか、一三歳から一七歳までは特別な少年司法手続きで扱われ、収容される場所も特別な所とされることになりました。制度的な改革も行われ、家庭裁判所が設立されました。家庭裁判所の一番の目的は、虐待などから子どもを保護することにありました。

こうしたことについて、一九九四年、ポーランド教育庁のヴァンダ・スモリーンスカさん（青年教育局の保護と教育部長）にお会いして話を聞きました。スモリーンスカさんは、「ポーランドは子どもの権利条約だけでなく、国際家族年を提案したのです」という話をされながら、いかにポーランドが子どもの権利に関してパイオニア的存在であったかを強調されました。

例えば、ポーランドではどれだけ子どもを大切にしているかの事例として、車の助手席のことを挙げることができます。ポーランドでは、交通事故で一番危険の高い助手席に子どもを乗せることは法律で禁止されています。一九九二年に私たちの通訳をしてくれたエバさんは、夫と子どもとともに日本で生活した経験をもっています。「札幌の大学に留学していた頃に利用していた子ども用の助手席の椅子が、こちらでは役に立ちません」と、笑いながらおっしゃっていました。

あるとき、急いでいたので息子さんを日本で買った助手席用の椅子に乗せて走ったところ、お巡りさんにつかまって罰金をとられたことを話してくれました。生活には不都合であっても、子どもにとって大切なことは何かということに、心を配っていることがよく分かります。

また、スモリーンスカさんの話の中で特に印象的だったのは、三歳未満の子どものお母さんが犯罪者の場合です。そのような場合、お母さんは昼間は刑務所で服役し、子どもは保育園に通います。夜はお母さんと子どもたちが一緒に刑務所の別の場所で生活をします。日本ではとても考えられないことですが、ポーランドではどんな親でも子どもは親と一緒にいる権利があるという考え方です。一二歳以下の子どもの親が犯罪者の場合、年に数回、犯罪者である親と子どもが一緒に生活をする施設が刑務所の中にあるということです。

3 ポーランドの宝 コルチャック先生

三つ目の理由は、ポーランドには、コルチャック先生というすばらしい財産があったことです。コルチャック先生とはどんな人であったかということは、次の節で紹介したいと思いますが、その前にコルチャック先生の書いた文章が子どもの権利条約の原案かということについて触れてみたいと思います。

映画『コルチャック先生』の宣伝文章の中に、「子どもの権利条約は、ポーランドの積極的な提案により国連が採択したものですが、コルチャック先生が一九二九年に書いた『子どもの権利の尊重』を原案としています」と書かれています。この文章を読んだ多くの人が、「子どもの権利条約」の原案はコルチャック先生だと思いました。私もコルチャック先生の映画を観たときにこのチラシを読み、コルチャック先生の書いた「子どもの権利の尊重」を、実際には一冊の著書ではなくエッセイの題名でしたが、手に入れる努力をしたわけです。

けれどもポーランドでお会いした人たちに聞くと、「『子どもの権利の尊重』が子どもの権利条約の原案とは言えないが、コルチャック先生の考え方・理想が生かされている」という意見が大勢でした。

ポーランドの子どもの保護委員会のエルジピェータ・チージさんは次のように言っています。

「ポーランドがその提案をしたのは一九七九年で、必ずしもポーランドが提案した文章が現在の条約とそっくりとは言えません。私たちの意見そのままというわけではありませんが、私たちの子どもの権利に対する考え方が充分生かされたものになりました。ポーランドの代表は、ずっと国連の条約案準備のための委員会に入っていたからです。この条約の一番大事なところは、コルチャック先生の理想を生かして提案されたところだと私は思います。つまり、子どもを保護するだけでなく、子どもにも自分の権利があって、自分の将来についてもできる限り子ども自身の意見を尊重して決めることだと。」

国連が「子どもの権利条約」を採択すべきだという正式な提案は、一九七九年初頭に開かれた第三四回国連人権委員会において、ポーランド政府によってなされたものです。ポーランドは、実は一九五五年の「子どもの権利宣言」の討議の中で、「子どもの権利条約」の必要性を指摘していました。しかしその時点では、世界には子どもたちのために人権に関する整った拘束力のある法的文章をつくろうという気運はまだなかったのです。その後もポーランドは国際会議の場において、子どもたちへの特別な関心を幾度となく表明してきました。

●参考資料「子どもの権利の尊重」（ヤヌシュ・コルチャック）

・子どもは愛される権利をもっている。自分の子だけでなく、他人の子どもも愛しなさい。愛は必ず返ってくる。
・子どもを一人の人間として尊重しなさい。子どもは所有物ではない。
・子どもは未来ではなく、今現在を生きている人間である。十分に遊ばせなさい。
・子どもは宝くじではない。一人ひとりが彼自身であればよい。
・子どもは過ちを犯す。それは子どもが大人より愚かだからではなく、人間だからだ。完全な子どもなどいない。
・子どもには秘密をもつ権利がある。大切な自分だけの権利を。
・子どもの持ち物を大切に。大人にとって詰まらぬものでも、持ち主にとっては大切な宝。
・子どもには自分の教育を選ぶ権利がある。よく話を聞こう。
・子どもの悲しみを尊重しなさい。たとえ失ったおはじき一つであっても。また死んだ小鳥のことであっても。
・子どもは不正に抗議する権利をもっている。圧政で苦しみ、戦争で苦しむのは子どもたちだから。
・子どもは自分の裁判所をもち、お互いに裁き裁かれるべきである。大人たちもここで裁かれよう。
・子どもは幸福になる権利をもっている。子どもの幸福なしに大人の幸福はありえない。

資料提供：日本ヤヌシュ・コルチャック協会

3 戦争とコルチャック先生をめぐる旅

1 コルチャック先生との出会い

皆さんも、子どもの権利条約の父と言われているコルチャック先生の名前をはじめて聞く人が多いと思います。ヨーロッパではアンネ・フランクと並んで有名なコルチャック先生のことを、私がはじめて知ったのは一九九一年九月、岩波ホールで観た、映画『コルチャック先生』でした。

コルチャック先生
写真提供：日本ヤヌシュ・コルチャック協会

映画では第二次世界大戦当時、ナチス・ドイツの支配下に置かれたポーランドで、コルチャック先生と子どもたちがゲットー(ユダヤ人居住区)の中で生き、やがてトレブリンカ絶滅収容所に送られていくまでを淡々と描いています。腹の底からずっしりとした重みを感じ、静かな感動を覚えたことが、今でもよみがえります。そしてそれが、私が追い求めていた漠然としたテーマの大きな対象者だと直感的に分かりました。

私は二四歳で保育と福祉の専門出版社をつくりました。私は出版の仕事とともに、ある一つのテーマを追い続けました。それは「保育、子育てとは、子どもの命と健康を守ることであり、それを奪うものは何か」ということでした。子どもの命と健康を奪うものには、いろんなものが考えられます。最近では、交通事故で子どもたちの命が奪われるという例もたくさんあります。自然災害もあります。しかし有史以来、子どもの命と健康を奪う大きな要因の一つに戦争というものがありました。

戦後生まれの私にとって、戦争と子どもというテーマは、大きなテーマとなって膨らんできました。明日つぶれるかもしれないような小さな出版社でしたが、私は保育者の皆さんと一緒に広島、長崎、そして沖縄、さらにはポーランドのアウシュビッツ、ドイツのブーヘンワルトなどを訪ねました。今はハンセン病療養所の中にある保育園の理事長です。

2 ポーランド・アウシュビッツへの訪問

ポーランドのアウシュビッツ強制収容所には九回行きました。四回目に訪問したときのことです。このときはじめて第二収容所のビルケナウに足を踏み入れました。自分の足で歩いてみることにしました。汗をかきながら収容所を歩きまわり、最後にもう一度その大きさを確認しようと、ヨーロッパ各地から運ばれてきた列車の引き込み線のレールの監視棟の前に立ちました。

そのとき私の肩を引っ張る人がいました。横を見ると、太った中年のご夫婦が立っていました。男の方が腕をまくって私に見るようにつきだしました。そこにはイレズミで番号が書いてあったのです。私はアッと思いました。彼はアウシュビッツの囚人だったのです。すぐに通訳のエバさんを呼んで話を聞きました。彼はユダヤ人であったため一八歳でアウシュビッツへ連れてこられました。農業をしていたため身体が丈夫だったこと、夢をもち続けていたので生き延びることができたとい

うことを話してくれました。収容所を出てからここへ来るのは三回目とのことでした。「あなたは、遠い日本から来てくれたのか。ありがとう」、彼は私にそう言いました。

このアウシュビッツでドイツのブーヘンワルト収容所のことを知り、学生時代に読んだ『裸で狼の群れのなかに』という小説は本当にあった話だと分かりました。ナチス・ドイツの収容所の中で子どもたちが生きていたという事実に大きな興味をもちました。

ブーヘンワルトは世界の収容所の中でただ一つ、そこに囚われていた人たちが自主的に解放した収容所です。本来ナチスのユダヤ政策のために、収容所の中で子どもが生きているということはほとんど不可能に近いのですが、ここでは子どもたちが大人たちの手によってひそかに守られ、生き延びたのです。彼らは子どもたちに自分たちの未来を託して、国語や数学を教えながら子どもたちの命を守ったのです。

子どもの命を守るために、ある者は腕を切られ、足を切られたり、命を奪われたりしました。しかし彼らの中に、子どもの隠し場所をナチス・ドイツに告げ口をする者は誰もいませんでした。血がつながっているいないにかかわらず子どもの命を守る、それが人類の永遠のテーマであるということを実践したのです。この収容所が自主解放されたとき、彼らは子どもたちを肩車して解放の日を迎えました。ここは子どもに関わる私たちには記念すべき収容所なのです。

3　ワイダ監督との出会い

このように、子は宝、子どもの命と健康を守るという人類の大きなテーマを追い続けていた私が、コルチャック先生の映画を観たとき、「この人だ」と思いました。それと同時に、今までポーランドを訪ねていたのに、なぜコルチャック先生の名前を知らなかったのかという強いショックを受けました。

『コルチャック先生』は、世界的な監督であるポーランドのワイダ監督が長年あたためていた企画でした。ワイダ監督は一九五四年、二七歳のとき『世代』という映画でデビューし、続いて『地下水道』『灰とダイヤモンド』といった世界中に衝撃を与える映画をつくりました。今も、ポーランドでもっとも著名な文化人の一人です。

一九九五年七月三一日、私は朝早く起きて、ワルシャワ発の特急列車でクラコフに行きました。クラコフという町は日本の京都のようにとても古い町で、第二次世界大戦で破壊されなかった中世のヨーロッパの町並みが残っている、すてきな町です。『シンドラーのリスト』という映画が日本で評判になりましたが、その映画の舞台になった町です。映画に出てくる町並みは、ほとんどクラコフの町で撮影が行われました。

クラコフの町に着いて、駅からすぐ近くにある中央広場の織物会館―中世ヨーロッパの時代には織物が盛んだった―の一階の喫茶店に行きました。ワイダ監督は窓ぎわの椅子にゆったりと座っていました。約束の時間よりずっと早く来てくれていたのです。

私はあいさつもそこそこにワイダ監督に質問しました。「なぜ、コルチャック先生の映画をつくったのですか」。ワイダ監督はゆっくりと話し出しました。

＊　＊　＊

理由はいくつもあります。第一に、コルチャック先生はポーランドの長い歴史の中で見ても偉大な人物だったと思われるからです。殺されても自分の理念を貫き通したことで、彼を聖人と言っても過言ではありません。彼は自分の信じていたことに命をかけたすばらしい人です。また、教育者としての彼から学ぶこともあると思います。彼は自分で考えた理念を実行したということでも興味深いです。彼は柔軟な頭の持ち主で、理念を実行しながらその理念に修正を加え、さらに高度な理念をつくりあげていったのだと思います。

第二の理由は、ポーランドにおけるユダヤ人問題です。ポーランドはユダヤ人が多く、戦前は三〇〇万人以上いました。ですから昔からポーランド人とユダヤ人の間の問題はありました。コルチャック先生はこの二つの民族が互いに理解し合って、ともに生活できる社会にしたいという思いをもっていて、そのためには子どもの頃から共通の価値観を身につけることが重要だと考えていました。

第三の理由は、私の映画の先生であるフォード監督に対する思いからです。一九五八年にコルチャック先生の伝記映画が企画され、フォード監督がこれを撮ろうとしたのですが、映画の撮影の段階に入る前に、一九六八年に禁じられてしまったのです。フォード監督は、こののち外国に移住してしまいました。そのことは当時の政権におけるポーランド人のグループとユダヤ人のグループが社会に与えた影響の一つで、私たちポーランド国民の現代史の中での汚点だと思います。

私はフォード監督がこの映画をつくろうとしたとき、アシスタントをしていました。それで機会があったら先生の思いを引き継いで、この映画をつくりたいと思ったのです。

＊　＊　＊

4 映画『コルチャック先生』が描いたもの

話を聞きながら、ワイダ監督が映画『コルチャック先生』をつくった一番大きな要因は、子どもたちだけでなく、ポーランドにおけるユダヤ人問題だと分かりました。日本人である私がコルチャック先生の名前を知るのが遅くなった原因が、そのことと関係があることもよく分かりました。社会体制が変わった一九八九年、ワイダ監督はようやくこの映画をつくるチャンスを得たのです。

『地下水道』『大理石の男』などのワイダ監督の映画の流れの中で、この映画がどんな位置づけにあるのかという質問に、ワイダ監督は「ポーランドの戦後現代史の中で何か足りない感じがしていました。だから『地下水道』『灰とダイヤモンド』と同じ流れの中で、『コルチャック先生』もつくったのです。これらのすべてが、ポーランドの戦後の歴史だと思っています」と答えてくれました。

会う前にワイダ監督に関する資料などは読んでいたし写真も見ていたので、大柄な精悍な感じの人を想像していました。しかし私の質問に答えてくれたワイダ監督は、やわらかなソファにゆったりと深く座り、もの静かでいて、非常に神経質で繊細な芸術家でした。

メガネの奥の目のやさしさが印象的でした。私の子どもに関する質問にはほとんど答えてくれませんでした。それは拒否しているのではなく、もう少し時間が欲しいということと、専門以外のことには答えられないという感じでした。

私はこの映画の最後の場面について感想を述べました。

「トレブリンカに向かって列車が走っていく。停車する貨車の扉が開いて、ダビデの星の大きな旗を先頭に明るく幸福そうな表情の子どもたちが野原をかける。コルチャック先生と子どもたちの躍動する若さあふれる生命感は、一九八九年の『子どもの権利条約』に結びついていくと私は考えました。」

するとワイダ監督はこう答えました。

「ユダヤ人社会では宗教的な意味もあって、この最後の場面が批判されました。殺すところを見せずに、天に昇るコルチャック先生と子どもたちの死を暗示している場面が批判されたのです。でもコルチャック先生と子どもたちが殺されたのは、誰でもが知っていることなので、ここではコルチャック先生の哲学が永久に生き延びることを表現するために、このような場面にしたのです。この映画によって『子どもの権利条約』を連想されたことは、私にとっては喜ばしいことです。この最後の場面が批判されたのは、映画全体が写実でつくられているのに、最後だけがロマンチックに描かれているので目立ったのだと思います。」

『コルチャック先生』の映画は、コルチャック先生が「老博士」という名前で、あるラジオ番組に出演しているところから始まります。

（マイクの前で、原稿を読んでいるコルチャック）

「世のため、人のため、身を捧げるというのは嘘です。ある者はカードを、ある者は女を、ある者は競馬を好む。私は子どもが好きです。これは献身とは違う。子どものためではなく、自分のためなのです。自分に必要だからです。自己犠牲の言明を信じてはいけない。それは虚偽であり、人を欺くものなのです。」

そう言って放送を終えました。

人気があったにもかかわらず、この番組が中止になる場面です。コルチャック先生の子どもに対する考え方、その放送が中止になるというユダヤ人迫害の動向が端的に伝えられます。この場面がこの映画の基本的な流れをつくっています。日本では、今ビデオとなって販売されています。この映画を観たことのない人は、ぜひ観ていただきたいと思います。

ワイダ監督と筆者

4 コルチャック先生とはどんな人か

1 コルチャック先生の軌跡

ショパン、キュリー夫人と同じように帝政ロシアが支配していた時代のポーランドに生きたコルチャック先生ですが、二人と違う点が一つあります。それはユダヤ人の家庭に生まれたということです。コルチャック先生は、小児科の医者でしたが、彼を有名にしたのはポーランドはもちろんヨーロッパ中で広く読まれた童話の作家としてでした。そして何よりも彼の名が後世に残ったのは、子どもの権利を主張し、実践し、人生の最後の瞬間まで子どもとともに生きたからです。

① 医者として

一八九八年、二〇歳のときにワルシャワ大学医学部に入学。卒業一年目の一九〇四年からワルシャワ市内の子ども病院に勤務し、同じ年に始まった日露戦争では、ロシア軍軍医として召集も受けています。

コルチャック先生は、日本では教育者として知られていますが、彼の大きな仕事の一つに、やはり医者であったことが挙げられます。

コルチャック先生は、施設の中でも、医者としての大切な仕事をしていました。新しい子どもが入ってくると、その日に体重を測りました。その後、毎週測定し、一人ひとりの体重表にきちんと書き込みました。コルチャック先生は、この体重表を、こまやかで冷静かつ、うそをつかない情報として大切にしていました。

② 作家として

作家としては、ポーランド中の子どもが投稿し、子どもたちが編集する「小さな声」という新聞を発行したり、「老博士」の名前でラジオを通して、子どもたちの悩みに答えたり、童話や子どもたちの教育や権利に関する本を次々と出版しました。これらの活動の中で子どもの権利という考え方を提唱し、具体化していったのです。日本では、『子どものための美しい国』（ヤヌシュ・コルチャック著／中村妙子訳）などいくつかの子ども向けの本が翻訳されています。

③ 実践家（施設長）として

第一次世界大戦直前の一九一二年には、恵まれないユダヤ人の子どもたちのために建てられたドム・シェロット（孤児たちの家）の院長に就任しました。その後、ポーランド人孤児のためのナシュ・ドム（ぼくたちの家）の設立にも参加し、園医になりました。

私がドム・シェロットをはじめて訪問したのは一九九二年です。施設は、一九一二年一〇月七日に完成しました。国のお金ではなく、個人が寄付したお金で設立された、ユダヤ人の子どもたちの養護施設です。ワルシャワのクロフマルナ通りにあったので、一般に「クロフマルナ」と呼ばれています。

当時、クロフマルナには、貧しいユダヤ人が集中して住んでいました。子どもたちの親は戦争で亡くなったか、病気か問題（アルコール依存症・服役など）をもっていました。

この施設に入れる子どもの年齢は七歳から一四歳までで、事情により延長ができました。定員は一〇〇名で、毎年増加していました。施設は、子ども議会・子ども裁判・子ども法典を大きな柱として運営されました（この実践について、もっと詳しく学びたい方は、塚本智宏著『コルチャックと子どもの権利の源流』を読むことをお薦めします）。

子どもを殴ったり、ろくに食べ物を与えなかったりする施設が多かった時代に、珍しく子どもたちが自治権をもっていました。施設に新しく入った子には、必ず世話役の子どもがつくようにする。世話役の子は、新しく入った子を見守りながら、生活に慣れるまで助けてあげることを実践していました。

そういう実践から生まれた一つの考え方は、「子どもは大人を騙し続けられるが、子ども同士は騙し続けられない」ということです。この考えは、日本のいじめ問題を考えるときに大切なことを教えてくれていると思います。

数回の訪問で分かったことは、戦前の子どもと今の子どもたちでは、置かれている社会状況が大きく違うので、コルチャック先生が生きていた時代と同じようなことが、具体的な実践としてできないこともあるということです。しかし、ポーランドの厳しい経済事情の中で、この施設で働いている人たちの思いには、まさにコルチャック先生の哲学が脈々と受け継がれていました。

「形を真似るのではなく、生き方・考え方を学ぶこと」の大切さを、ドム・シェロットの訪問は、私に教えてくれました。

ナシュ・ドムは、一九一九年、コルチャック先生とマリア・ファルスカが、労働組合の援助でプルシコフの古い家を借りて設立した、ポーランド人の子どもたちの養護施設です。マリア・ファルスカは、ポーランドの貴族出身の社会主義者で、コルチャック先生と同じように、ワルシャワ慈養協会で活動していました。この施設を訪問する前は、この施設も、コルチャック先生が実質的な院長だと思っていました。けれども職員の話を聞いたり、資料を見てみると、実はファルスカが院長で、コルチャック先生はここの園医として、いろいろな面で協力していたということが分かりました。そして、そのことが実は、「子どもの権利条約」につながっていくのだということも分かりました。

ドム・シェロットは、ユダヤ人の子どもたちの施設でしたので、そこにいた人たちはゲットーに移され、最後はトレブリンカで殺されましたが、このナシュ・ドムは、ポーランド人の子どもたちの施設でしたので、戦後もポーランドの教育に大きな役割を果たしました。そこで働いていた人たちもポーランド人でしたので、戦前のコルチャック先生を直接知っている人たちが、戦後のポーランドでコルチャック先生の考え方、生き方を伝えるという大きな役割を果たしたことが分かります。

2 コルチャック先生の遺産

① 最後の死の行進

一九三九年九月、ナチス・ドイツがポーランドに侵攻したことから、第二次世界大戦が始まり、ポーランドを占領したナチスは、ドム・シェロットの子どもたちとコルチャック先生をゲットーに強制収容しました。

ゲットーの中では十分な食べ物がなかったけれど、コルチャック先生の施設では誰一人餓死した子どもはいませんでした。彼は大きな袋を持って、自ら有名人であることを利用し、ユダヤ人の金持ちを脅したりしながら、子どもの食料を集めていたのです。

一九四二年八月五日(現在の研究では、五日というのが有力です)、ことのほか暑い日でした。コルチャック先生と子どもたちは、貨車に乗せられて、トレブリンカ絶滅収容所に送られることになりました。コルチャック先生は、まっすぐ前方を見つめ、片腕に幼い女の子を抱きかかえながら、もう一方の手で男の子の手を握りながら、ゲットーの停車場に向かいました。

貨車に乗り込む前に、一人のドイツ人将校が彼を呼びだしました。「先生だけは助命される」と伝えますが、首を左右にふり、子どもたちに守られるように、貨車に乗り込んでいきました。

この最後の場面が、目撃した者によって、伝説的に伝わっていくことになるのです。これが子どもの権利条約の大河の一滴です。コルチャック先生の考え方はもちろんのこと、その生き方が子どもの権利条約の父と言われる理由です。

② トレブリンカ絶滅収容所

コルチャック先生と子どもたちが殺されたトレブリンカの森には、世界各地から集められた大小の石が並んでいます。その一つにヤヌシュ・コルチャック（ヘンリック・ゴールドシュミット）と子どもたちという文字が書かれた石があります。

その石の前で、案内の女性が丁寧に説明してくださいました。

「一九四二年につくられた絶滅収容所です。列車から降りた人たちは、すぐに殺されました。一九四三年に、囚われていた人たちが蜂起したときに全部壊されました。石のモニュメントは戦後建てられました。クリスチャンもユダヤ人も土葬です。お墓がないことは、特に悲しいことで、ここで殺された人たちのためにつくられた墓地を意味しています。ユダヤ教では火葬は認められません。死体を焼かれることは、二度殺されるのにも等しいことです。さらに火あぶり台は、ユダヤ教にとって迫害のイメージと重なります。」

トレブリンカに着いてからは、男と女に分けられて、ガス室に送られました。ガス室では、アウシュビッツなどよりももっと原始的なトラックガスが使われていました。お年寄りや小さな子どもなどは、大きな穴のあいた前にひざまずかされて、一人ひとり銃で殺されたという事実もあると聞かされて、大変なショックと激しい怒りが込み上げてきました。

③ 私が考えるコルチャック像

二〇一九年は、子どもの権利条約が採択されて三〇周年・日本が批准して二五周年の節目の年でした。その節目の年に子どもの権利条約提案国ポーランドを訪問しました。ポーランドは九回目の訪問です。最初に行ったときの印象からすると、社会体制が変わり、建物などは立派になりましたが、それに比べ子どもに対する政策の貧しさで気になることも多々ありました。

コルチャック先生は、どんな人だったのか。ポーランドのコルチャック研究の第一人者のタイスさんご夫婦と対談してきました。そこで確認したことは以下のことです。

〈1、研究者ではなく実践家であった〉

一九世紀の終わり頃から、ヨーロッパは権威主義的な教育を批判して、子ども一人ひとりを人間として尊重する運動が起きていました。ユダヤ系ポーランド人としての生まれが影響していたのかもしれませんが、コルチャック先生は、多様性を受け入れる力をもっていました。二〇世紀のはじめの、ヨーロッパにおける新しい教育理念の諸潮流に学びながら、子どもの置かれている現実を直視して、目の前の子どもたちに愛情を注いだ実践家でした。

〈2、その実践家の土台にあったのは、文化的・人間的な（教養の）幅の広さだった〉

医者としての目、作家としての目、施設長としての目、この複眼で見る力があったことが、大きなカギであることが今回のタイスさんご夫婦との対談で分かりました。

保育の専門性とは、保育の質とは、深さよりもまずは、（教養の）幅の広さが大事であると思います。最近園で皆さんがご苦労されているコロナ禍の保育をどう考えるか、また、とくに保護者対応など保育園の課題についてどう考えるかの基本は、保育者一人ひとりの教養力だと思います。

〈3、戦う人だった〉

戦争を経験し、その戦争の中で子どもたちの置かれた状況を考え、自分が何をすべきか、自分の果たす役割を考えた人でした。

右手に理想を掲げ、左手に現実をしっかり見て、その谷間で、試行錯誤し子どもの未来を妨げることに対して、戦い続けてきた人だったのです。

対談の最後にタイス教授が私に質問しました。

「コルチャック先生のどこが好きですか。」

「映画の中でも描かれていますが、子どものためなら悪魔とも会うという言葉です。」

コルチャック先生の映画の中に、「私は子どものためなら悪魔とも会おう」というせりふが出てきます。私には、この言葉が印象に残りました。そしてそれが、子どもを通した民主主義の原点であるとも考えるようになりました。

ゲットーで多くのユダヤ人が餓死した中、コルチャック先生の子どもたちは一人も餓死しませんでした。当時の状況を考えると、これは奇跡に近いとも言えます。それはコルチャック先生があらゆる手段を使って、子どもたちの食料を調達したからです。コルチャック先生の主張・信条からすると相反する立場の人たちのところにも出かけ、彼は子どもたちのために食料を調達したのです。

「子どもの権利条約」の源流にもなる、子どもの権利の思想を高らかに語り、書き、訴え続け、現実においてはゲットーの中で誰一人餓死させることなく、子どもたちのための食料を集め続けたコルチャック先生。

タイスご夫婦も、「私たちもそうです」と答えられました。

皆さんは、「悪魔」という言葉をどう捉えますか。コルチャック先生の考え方やその生き方に学んでほしいと思います。

あなたのクラスの園児から見て、あなた自身がコルチャック先生になるにはどうしたらよいでしょうか。

「子どもではない―そこにいるのは人間である」

九回目のポーランド訪問で私が受け取ったメッセージです。

人権とは、ひと言で言うと、人間が人間であることで差別されない権利です。

でも、子どもは人間である権利とともに、大人や社会から養育を受ける権利ももっています。

子どもは暑いから服を脱ぎますが、寒いときは服を着させます。小さい頃は、大人の手助けが必要です。その子が自分でできるようになったとき、ただその子の成長として見るのではなく、自らの力でやれるようになったことは、それまでやってくれていた大人の役に立ったと考えることが大切だと私は思います。その子の存在をどう考えるか。子どもの側に立って考える力が重要だと思います。

ある保育園で、虐待が疑われた保護者と話し合いました。

「私は○○ちゃんが好きです。○○ちゃんを虐待したつもりはありません。」

と反論されました。

「では、その実践を、○○ちゃんの保護者の前でも同じことができますね。」

と聞いたら、黙ってしまいました。

次の章は、自分の実践が本当に子どもの権利の考え方に立っているかどうか、振り返りながら読んでみてください。同様に職場の皆さんで考え、話し合ってほしいと心から願っています。

Work3 「子ども時代」とはどんな時代か考えよう

●ウオパトカ教授のあいさつの中に「子ども時代というものを奪われたのです」という言葉があります。日本人の中には「日本では、貧しい国のように、子どもが学校に行けず働かされているとか、戦争に駆り出されていることはないので、子どもの権利は守られている」と言う人がいます。

あなたは、子ども時代とは、どんな時代であってほしいと思いますか。特に乳幼児期はどんな時代であってほしいと思いますか。以下の事例を読んで、考えましょう。

事例① 〇歳児で塾にいく子どもの例です。朝一番にお母さんが保育園に子どもを連れて来ます。途中、迎えに来て子どもを塾に連れて行き、終わればまた保育園に終了時間まで預けたいという希望があり、保育園との間で議論になったそうです。

事例② 毎年正月にハワイで過ごすご家族の例です。三歳になった頃、担任の保育者が「〇〇ちゃん、いいねぇ、またお父さんとお母さんとハワイに行くなんて」と言うと、子どもはあまりいい顔をしませんでした。聞くと、ハワイに行ってもほとんどの時間、ホテルの保育室に預けられていたとのことです。

事例③ 学童保育の先生から聞いたお話です。そこの学童保育は夜十時まで預かりがあります。時間いっぱいに預けられている子どもでも、翌朝は八時に小学校へ行くのだそうです。

子ども時代に仕事をさせられたかどうか、戦争に駆り出されたかどうかで、子ども時代を奪われたかどうかを考えるのは、日本の子どもにとっては間違いではないでしょうか。

あなたはどう考えますか。

(1) 下のような3×3のマス目を作り、空いているマスに思いついたことを書いてみましょう。いくつかの園でのワークで挙げられたことを以下に例として示しました。ここでは「子ども時代とは」ということがテーマになっています。なぜその内容を書いたのかも併せて園で共有し、対話してみましょう。

〔例〕

気持ちを受け止めてもらえる	大好きな人たち(家族、保育者、友達など)とゆったりと過ごせる	大人に見守られながら育つ
自分の好きなことを追求できる	〈テーマ〉 **子ども時代とは?**	思いっきり感情表現や自己主張することができる
たくさん失敗して学ぶ	平和で、衣食住が満たされた安心・安全な環境で育つ	いじめられたり、差別されたりしない

〔記入欄〕

	〈テーマ〉 **子ども時代とは？**	

(2) (1)で挙げた内容や話し合った内容を整理して、文章にまとめてみましょう。あなたは、子ども時代とは、どんな時代であってほしいと思いますか。

〔例〕子ども時代とは、まず、平和で、衣食住が満たされた安心・安全な環境で、いじめられたり、差別されたりすることなく、大好きな人たち（家族、保育者、友達など）とゆったりと過ごすことができます。そして、感情を表したり、自己主張を受け止めてもらい、見守られながら、自分の好きなことを追求し、たくさん失敗しながら学ぶことができる、そんな時代であってほしいと思います。

〔記入欄〕

Work4 「子どもではない―そこにいるのは人間である」について考えよう

●子どもの権利条約の提案国・ポーランドでは、コルチャック先生の遺産として「子どもではない―そこにいるのは人間である」という言葉をスローガンにしています。あなたはこの言葉の意味をどう考えますか。

(1) 下のような3×3のマス目を作り、思いついたことを書いてみましょう。いくつかの園でのワークで挙げられたことを以下に例として示しました。なぜその内容を書いたのかも併せて園で共有し、対話してみましょう。

〔例〕

可能性に満ちている	一人ひとりに人間として生きる権利がある	私とは別の気持ちがある
意志があり、互いに尊重する	〈テーマ〉**「子どもではない―そこにいるのは人間である」とは？**	喜怒哀楽を表現できる
対等な存在である	コミュニケーションすることができる	個性がある

〔記入欄〕

	〈テーマ〉 「子どもではない―そこにいるのは人間である」とは？	

(2) (1)で挙げた内容や話し合った内容を整理して、文章にまとめてみましょう。あなたは、「子どもではない―そこにいるのは人間である」とはどういうことだと思いますか。

〔例〕 子どもは、一人ひとりが人間として権利をもつ、対等な存在だと思います。それぞれが意志をもち、個性的で可能性に満ちています。喜怒哀楽を表現しながらコミュニケーションをとることができます。私とは別の気持ちをもつ存在として、意志や思いを尊重しながら関わりたいと思います。

〔記入欄〕

STEP 3

事例を通して子どもの権利を考える

野澤祥子

ここまで、子どもの権利の歴史や基本的な考え方を学んできました。本章ではいよいよ、保育の事例を通して具体的な声かけや関わりのあり方を見ていきます。子どもの誇りや尊厳を守る保育に向けて、あなたならどうするか、自身の実践を振り返りながら考えてみましょう。

1 子どもの権利を自分事として捉えるために

STEP3では、保育現場で実際に起きた事例を通して、子どもの権利について考えていきます。STEP1とSTEP2では、子どもの権利の中核的・基本的な考え方について学んできました。しかし、学んだ考え方を実践の場で実行に移すことは、決して容易なことではありません。本を読んだり、研修を受けたりして子どもの権利の考え方について分かったつもりでも、その場その場での素早い判断や行動が求められる実践の現場では、子どもの権利に意識を向けることが難しい場合もあるでしょう。

STEP3では、子どもの権利の考え方を踏まえての保育実践について、事例を提示しながら考えていきたいと思います。自園であった同様の事例について共有し、今後の対応について話し合ったり、同様のことが自園で起きたらどのように対応するかについて話し合ってみてください。一人ひとりの職員が、子どもの権利について自分事として捉え、その考え方を実践の中で生かしていけるよう、具体的な事例に基づいて考えてみましょう。

実践の現場は多様な人たちが関わって多様なことが起こる複雑な場であり、「〜すべき」という一つのルールや原則では判断できないこともたくさんあります。多様な意見や思い、実践のアイデアなどを出し合い、考え合える風土をつくっていきましょう。

以下に、「言葉」「生活」「遊びや行事」「家庭との関係」というテーマで考えます。なお、事例は、複数の園から挙げられた事例です。園や個人のプライバシーを守るという観点から変更を加えたり、いくつかの事例を組み合わせたりしている場合がありますのでご了承ください。

まず、本節では保育者が使う言葉に関連する事例を見ていきましょう。

2 事例 子どもの尊厳を傷つける言葉かけ

・話が聞けなかったり、ルールを守れなかったりする子どもに「赤ちゃん組だよ」と言う。
・食事中にふざけていた子どもに「悪い子のところにサンタさんは来ないからね」と言う。

保育者が何気なく子どもたちにかける言葉が、子どもの権利に反するのではないかと考えられる場合があります。子どもの権利条約の第一六条（以下、○条は同条約日本ユニセフ協会抄訳版の条文）として「プライバシー・名誉は守られる」という権利があり、子どもは、「他人から誇りを傷つけられない権利」をもっているということが書かれています。

話が聞けなかったり、ルールが守れなかったりする子どもに対して、ルールを伝え、守れるようにしていくことは、もちろん大切なことです。いずれの事例でも、保育者は、子どもがルールを守れるようにと、その子どものためを考えて言葉をかけているのではないかと思います。また、周囲の子どもたちに迷惑がかからないようにということもあると思います。

しかし、それが子どもの誇りを傷つけるような言葉になっていないかを考える必要があります。例えば、「赤ちゃん組だよ」「悪い子のところにサンタさんは来ないからね」といった言葉は、一人の人間としての誇りや尊厳への配慮に欠けてはいないでしょうか。「話を聞こうね」「他の人も食べているから食事中はふざけないで食べようね」など、同じことを伝えるのに、伝えたいことがストレートに伝わるような言葉を使うこともできるのではないでしょうか。

もし、そうした言葉で子どもに伝わらないようであれば、話を聞けなかったり、ルールを守れなかったりする理由が他にあるのではないかと思いま

す。例えば、耳で聞いて理解することが難しいために、集中して聞くことができない子どもがいます。あるいは、きょうだいが生まれるなど環境が大きく変わったために、自分に注目してほしくてふざける子どももいるかもしれません。一人ひとりの子どもの状況を理解し、気持ちに寄り添いながら、伝え方や関わり方を工夫することが必要ではないでしょうか。

3 事例　厳しい注意

・ふざけていた子どもに「○○ちゃん、それ、嫌な感じだから絶対にやらないでね！」と強い口調で注意する。
・子どもに対して厳しい口調で長々とお説教をする。

子どもがふざけていたり、ルールを守ることができない場合に、厳しく注意するという事例も挙げられました。子どもの成長を願えばこそ、毅然と注意することが必要な場合もあるでしょう。しかし、先述のようにそれが子どもの誇りを傷つけるものになっていないかを考える必要があります。

子どもの権利条約には「暴力などからの保護」(第一九条)があります。注意は暴力ではないと思うかもしれません。しかし、叩いたり蹴ったりといった身体的な暴力ではないとしても、必要以上に厳しい注意や説教は、子どもの心を傷つける言葉の暴力になる場合があります。他の言い方、伝え方がないかを考えてみましょう。

4 事例「女の子なのに」

・一歳児がおかわりをアピールして、お皿を叩き、足を机の上にのせて「まんま」と言うと、「あんよだめだよ。女の子なのにお行儀悪いよ」と声をかける。

注意をするときに、無意識に「女の子なのに」「男の子なのに」という言葉を使っていないでしょうか。子どもの権利条約の第二条に「差別の禁止」があり、「子どもは、国のちがいや、男か女か、どのようなことばを使うか、どんな宗教を信じているか、どんな意見をもっているか、心やからだに障がいがあるかないか、お金持ちであるかないか、親がどういう人であるか、などによって差別されません」と説明されています。「女の子はこういうもの」「男の子はこういうもの」と決めつけた対応をしないように配慮することが必要です。この事例の保育者はそのことに気づき、子どもに先入観を植え付けてしまわないよう言葉に注意しなければならないと述べています。

一方で、子ども自身が、男性と女性の違い、言葉の違い、外見の違いなどに関心を向けることがあります。例えば、男の人と女の人がどう

違うか、なぜ違うのかについて、子どもは自分なりに理解しようとするでしょう。差別をしないということは、違いをないものとする、違いを無視するということではないと思います。子どもが疑問をぶつけてきたら、その疑問について子どもたちとともに話し合ってみるのもよいでしょう。固定観念にとらわれず、さまざまな違いについて理解を深めるということが、差別をしないことにつながるのではないでしょうか。

5　事例　無言のはたらきかけ

・散歩のときに、ふらっと大人の傍らを離れようとした一歳児に対して、何も言わずにぐいっと子どもの洋服を引っ張って、その後、黙って手をつなぐ。
・子どもがしてほしくないことをしているときに、言葉では言わずに、目で圧力をかける。

伝えるべきことを言葉ではなく無言で伝えるという事例も挙げられました。散歩の事例では、「危ない」と思ってとっさに洋服を引っ張ったのかもしれません。しかし、その後に

「危ないから手をつなごうね」などと声をかけず、無言で手をつないだのはなぜでしょう。一歳児だからまだ分からないと、つい思ってしまったのかもしれません。しかし、子どもの権利条約では、生まれたばかりの子どもであっても権利をもつ主体と位置づけ、一人の人間として捉えています。子どもを、人間未満の存在としてぞんざいに扱うのではなく、一人の人間として丁寧に向き合うことが求められます。

子どもがしてほしくないことをしているときに、言葉では伝えずに目で圧力をかけるということも、保育現場や家庭で行われがちです。「社会的参照」と言われるように、子どもは大人の表情や態度を見て、状況を判断し、自分の行動を決める力をもっています。これは、子どもが生きていく上で必要な力です。しかし、それが行き過ぎてしまうと、「大人の顔色をうかがう」ことでしか動けない、決められないということにつな

社会的参照

子どもが自分だけではどうすればよいか分からないときに、周囲の大人の表情や態度を手がかりとして、自分の置かれている状況を判断し、行動の決定を行う能力のこと。子どもが、初めて出会う状況や判断の難しい状況で、周囲の大人の知識を利用して行動し、学ぶことを支えるメカニズム。

がってしまう可能性もあります。大人が望む以上のことを過剰に読み取って、行動を抑えてしまう子どももいます。保育者が伝えるべきことを言葉で丁寧に伝え、どうすればよいかを子ども自身が考えて動けるように支えることが大切ではないかと思います。

2 生活

次に、生活場面について挙げられた事例を見ていきましょう。具体的には食事と排泄の場面についての事例が挙げられていました。

1 事例 無理に食べさせる

・苦手なものが食べ終わるまで、ごちそうさまをさせない。
・泣いておかわりを欲しがる一歳の子どもに、「苦手なものを食べないとあげない」と、厳しく言う。
・食事中、眠くなってしまった子どもの手を洗いに行き、起こし、再度食べさせる。

日本は食事を大切にする文化がある国だと思います。食事に感謝して残さず食べることが、守るべき規範として大事にされています。私がアメリカの小学校で実際に見て驚いたのが、ランチタイムでは、どんなに食事が残っていても終了時間が来たらそこで終わり、ということです。残さず食べるというのは、万国共通の規範ではなかったんだと思いました。

何もアメリカ式がいいと言いたいのではありません。しかし、食べられる量や苦手なものには、子どもによって大きな個人差があります。その日の体調によっても食べられる量は変わるでしょう。いつでも誰でも同じ量を残さず全部食べるということには無理があるのではないでしょうか。

無理やり食べさせるということは、子どもの誇りを傷つけたり、時に暴力的であったりすると思います。また、子どもには「意見を表す権利」（第一二条）があります。「子どもは、自分に関係のあることについて自由に自分の

意見を表す権利をもっています。その意見は、子どもの発達に応じて、じゅうぶん考慮されなければなりません」と説明されています。「この食べ物は苦手」ということも、子どもの意見としてじゅうぶん考慮する必要があるのではないでしょうか。

とはいえ、苦手なものを子どもに勧めてはいけないということではないと思います。その時々の状況に応じて「一口だけ食べてみよう」とか「また今度、チャレンジしてみよう」などさまざまな対応があり得るでしょう。

また、食事中、眠くなってしまった子どもを起こして食べさせるということも、子どもの尊厳を守るという点では再考すべきことのように思います。食事中に眠ってしまうことで、十分な栄養をとることができないかもしれません。しかし、眠い状態で食べるということは、窒息の危険もあります。もし、毎回、眠くなってしまうのであれば、食事のタイミングが子どもの生理的リズムとずれているということが考えられます。園は集団生活の場であり、個別のリズムに合わせることは決して容易なことではないでしょう。しかし、小グループをつくって食事の時間をずらすなど、できるだけ一人ひとりのリズムに合うような運営を工夫している園もあります。

子どもの権利の観点から、園での食事について、援助の仕方や運営の工夫なども含めて具体的に考えてみてください。

2 事例 排泄時のプライバシーへの配慮

・オムツ替えの際に、声をかけることなくオムツの中を見たり、脱がせたりする。
・おもらしした子どもに「どうしてこんなことをしたの？ だからトイレに行きたいときは、教えてって言ったでしょう？」と詰め寄る。
・トイレトレーニングの最中で、室内遊びのときにおしっこが出てしまった子がいた。保育者がおしっこだと気づいたが、「すべって転んじゃうと危ないから拭いておくね」と言って床を清掃する。出てしまった子どもとオムツ替えコーナーに行き着替えを済ませる。
・幼児クラスで「トイレに行きたい」と言うが「ちょっと我慢して」と個より集団での行動をさせようとする。また、「さっき行ったでしょ…」と行かせない。

無言での関わりの事例が排泄に関しても挙げられました。オムツの中というのは自分だけの大切な身体の部分であり、勝手に見られたり、触られたりしてはならない場所です。子どもの尊厳を守るため、いくら保育者や親であっても、「出ているかどうか見せてね」などと、一言、声をかけることが必要ではないでしょうか。自分の大切な部分が大事にされていると感じることが、自分自身を大事にすることにもつながると思います。

また、排泄を失敗してしまった子どもに厳しく注意することは、その子の誇りを傷つけることになります。子どもは、成功したり、失敗したりを繰り返しながら排泄の自立に向かっていきます。その揺らぎつつ進むプロセスを見守り支えることが大切です。また、失敗してしまったときに厳しく叱ることは、プライベートなことを他の人に知らせることにもなってしまいます。

三つ目の事例では、子どものプライバシーに配慮し、おしっこが出てしまったことを言わずに「すべって転んじゃうと危ないから拭いておくね」と言ってさっと掃除し、着替えを済ませました。二～三歳頃のトイレトレーニングを行う時期は、恥ずかしいという恥の気持ちや、悪いことをしたという罪悪感が芽生えてくる時期でもあります。失敗して恥ずかしいと思っている子どもに追い打ちをかけるような言葉をかける必要はないでしょう。

最後の事例では、幼児クラスでトイレを我慢させる場合があるということが挙げられています。幼児クラスになれば、排泄をある程度コントロールすることが期待されると思います。しかし、体調や精神状態によってコントロールが難しい場合もあります。これは大人であってもそうだと思います。頻繁にトイレに行きたがるのであれば、体調や精神状態に不調が生じている可能性が考えられます。そうした場合には、我慢を強いるのではなく、細やかに子どもの様子を見ることが必要ではないでしょうか。

以上の事例を参照しつつ、排泄に関して、子どもの尊厳を守る対応や援助とはどのようなものかを考えてみてください。

3 遊びや行事

続いて、遊びや行事に関する事例を見ていきたいと思います。子どもの権利条約第三一条に「休み、遊ぶ権利」があります。子どもは、「休んだり、遊んだり、文化芸術活動に参加する権利」をもっています。また、遊びの中では、他の権利に関わる多様な出来事が生じます。

1 事例 濡れ衣

・二歳児のB児とC児は、よくお友達とトラブルになり、叱られることも多い。最近は、トラブルの原因がこの二人ではなくても、他の子どもたちに「Bくんがとった」「Cちゃんがとった」と言われてしまう。保育者も「またBくんがやったの?」「いけないでしょ」と本人に問いただす。本人にすれば濡れ衣である。

この事例では、B児とC児について、保育者が「トラブルの原因となる子ども」という見方をしてしまっていたようです。そのために、本当はトラブルの原因となっていない場合でも、B児やC児がトラブルを起こしたと決めつけて対応してしまったことがあったようです。他の子どもたちは、そうした保育者の対応を見て、トラブルをB児やC児のせいにしてしまうということが生じています。この事例の保育者は、園での話し合いでそのことに気づきました。話し合いの中で、今後の対応としては、トラブル時には双方の話をよく聞くこと、B児とC児のよいところを見つけて他の子どもたちに知らせること、B児とC児がいけないことをしたら、なぜいけないことをしたのかを丁寧に知らせていくことなどが挙げられました。そして、これらのことに職員の共通理解のもとで取り組んでいくということになりました。

子ども同士のトラブルに対応することは、とても難しいことだと思います。しかし、子どもたちは、トラブルやいざこざを保育者に支えられて解決する経験から、互いの誇りや尊厳を大切にすることについて学ぶのではないかと考えられます。トラブルやいざこざへの対応についても、子どもの権利の観点から話し合ってみてください。

2 事例 見ているだけでも

・三歳のD児は、自由遊びの時間、遊ぼうとしないで他の子どもたちが遊ぶのを見ている。クラス全員で追いかけっこをしているとき、「一緒に遊ぼう」と誘っても「見ているだけでいい」と答える。決してその場から離れず、他児が遊んでいる様子を見ている。

先述のように「意見を表す権利」(第一二条)があります。「見ているだけでいい」というのも意見の表明だと考えられます。子どもが自ら遊ぼうとしないで見ているだけという場合に、その子の経験が不足してしまうのではないかと心配になったり、遊びに参加させなくてもよいのだろうかと考えたりしてしまうと思います。しかし、本事例のD児の場合は、きっぱりと「見ているだけでいい」と表明し、その場から離れず他児が遊んでいる様子を見ていました。このときのD児にとっては、「見ている」ということが最適な参加の仕方だったのかもしれません。一緒に活動していないと「参加していない」と捉えてしまいますが、ただ見ているということも含め、多様な参加の仕方があるのではないかと思います。

その子なりの参加の仕方を尊重することが大切ではないでしょうか。

ただし、一緒に活動しようとしない子どもは誘わない方がよいとも言えないと思います。他の子どもたちと一緒に遊びたいのに言い出せず、誘われるのを待っているという場合もあるかもしれません。たとえ「見ているだけでいい」と言葉で言ったとしても、本音では一緒に参加したいという可能性もあると思います。

子どもの「意見を表す権利」を考える際には、言葉だけでは捉えられないというのが難しいところだと思います。言葉ではうまく言い表せなかったり、言葉と本音が裏腹だったりすることもあるでしょう。表情や身体の動きなどで表される子どもの思いを保育者が読み取ることも必要だと思います。

とはいえ、意見を表すために言葉というのは大事な手段です。子どもの声に耳を傾けることで、子どもが安心して自分の思いを言い表すことができるような関係性をつくっていくことが大切なのではないでしょうか。

3 事例 意見を出し合う

・大好きな絵本「おむすびころりん」の劇をすることを子どもたちと決め、五人の子どもたちと台本づくりを行った。何人かの子どもはイメージが湧いていて、積極的に意見を出し始める。他の子どもたちからはなかなか意見が出てこない。保育者が「実際に場面ごとに動いてやってみたら?」と提案してみる。実際に動いて演じてみることで、自分たちなりに表現し始め、台本が完成した。

まず、劇の内容を保育者が決めてしまうのではなく、題材を決めることも台本づくりも子どもたちとともに行っているということが印象的です。第二九条「教育の目的」に「子どもが自分のもっている能力を最大限のばし」ということがあります。子どもは、保育者が決めてあげないと何もできない存在ではなく、保育者とともに考え創造する力をもっています。本事例は、その力を発揮する機会を大切にした保育の実践だと思います。

また、なかなか意見が出てこない子どもたちに対して、「実際に場面ごとに動いてやってみたら?」と保育者が提案することで子どもの表現を引き出しています。それぞれの子どもたちのアイデアが生まれやすい状況をつくることも、「意見を表す権利」(第一二条)を大切にすることにつながると思います。

さらにこのことは、第一三条「表現の自由」とも関わっているでしょう。表現の自由は「子どもは、自由な方法でいろいろな情報や考えを伝える権利、知る権利をもっています」と説明されています。子どもが考えを伝えやすい表現方法を提案し、選択できるようにすることも、保育者の役割として重要ではないかと思います。

4 事例 参加できる工夫

・五歳のE児は肢体不自由。運動会のリレーでは、一生懸命皆と同じ一周を走るが、差が広がり、いつもE児のいるチームが負けてしまう。そこで、チームで話し合う。F児が「Eちゃんは半分にして、あとはオレが走る」と提案する。しかし、皆と同じ一周を走りたいE児は首を振る。皆、考え込んでしまう。保育者が「相手チームの子どもにもう一周走ってもらうのはどうか」と提案する。実際にやってみると、差がなくなりいい勝負になる。保護者へもクラスだよりを通じてルール変更についてお知らせした。

第二三条「障がいのある子ども」には、「心やからだに障がいがある子どもは、尊厳が守られ、自立し、社会に参加しながら生活できるよう、教育や訓練、保健サービスなどを受ける権利をもっています」とあります。

この事例では、運動会のリレーで、E児が最初からできないと決めつけるのではなく、走りたいという気持ちを尊重し、皆と同じ一周を走るところから始めています。しかし、足を引きずりながら走るために、他の子どもたちとの差が縮まらず、E児のいるチームが

いつも負けてしまいます。そこでチームで話し合うことになりました。子どもの「意見を表す権利」(第一二条)が大事にされています。

チームの話し合いでは、F児から「Eちゃんは半分にして、あとはオレが走る」という提案がありますが、E児は納得せず、皆、考え込んでしまいます。E児がきっぱりと自分の意思を伝えていることから、普段から子どもたちの声を聴きながら保育がなされていることが伝わってきます。

一方で、一人ひとりの意見が大切にされるからこそ、一周走りたいE児と、負けたくない他の子どもたちの思いがぶつかり合い、皆が考え込んでしまうという事態が生じています。一人ひとりの子どもの権利を大切にするからこそ、それぞれの思いや意見のぶつかり合いが生じる場合があります。こうした葛藤に直面する経験も、大切な学びの契機だと思います。

葛藤への対応として、本事例では、保育者が「相手チームの子どもにもう一周走ってもらうのはどうか」と提案しています。一周走りたいE児と負けたくない他の子どもたちの思いの両方を尊重する提案です。ぶつかり合いを避けるために、どちらかが一方的に我慢するのではなく、双方が納得する方法を模索し、実行することが、真の意味で障がいのある子どもも含め、多様な子どもたちの自立や参加につながるのではないかと思います。そのためには、子どもたちとともに頭を柔軟にして考え、新たな方法を実際に試してみることが重要ではないでしょうか。

さらに、本事例ではルール変更を保護者にも伝えています。園で子どもの権利に配慮しながら子どもたちとともに考えた方法であっても、通常とは異なる方法に対して保護者が疑問に思う可能性もあります。園の考え方や、変更したプロセスを保護者に伝えなければ、理解してもらうことはできません。反対に、考え方やプロセスを伝えていけば、保護者が子どもの権利の考え方について学ぶ機会ともなります。子どもの権利を大事にした保育を行っていく上では、保護者と共通理解を図るということが不可欠です。子どもの権利について、保護者とどのように共通理解を図るかということも考えてみてください。

4 家庭との関係

保護者や子どもの様子から、家庭において子どもの権利が保障されていないと推測される事例も挙げられていました。第一八条「子どもの養育はまず親に責任」として「子どもを育てる責任は、まずその父母にあります。国はその手助けをします」とあります。子どもを育てる第一の責任は保護者にありますが、保護者が難しい事情を抱え、子どもに向き合う余裕がない場合もあると思います。そうした場合に、園ではどのように手助けできるでしょうか。

1 事例 お弁当の準備

・Gさんは、シングルマザーで一歳のH児を園に預けている。土曜日も仕事があり、土曜保育を受けている。H児に対する虐待のような関わりは見られないが、H児は、園での食事に極端な食べムラが見られる。また、土曜保育で持参するお弁当の白飯はフォークが刺さらないほどに硬くなってしまっている。弁当の件について確認すると、前日のうちに冷蔵庫で保管しているとのこと。当日の朝に詰めることや、一度温めることを提案するが、なかなか改善が見られない。

本事例では、子どもに対する虐待のような関わりは見られないものの、食事の準備などの面で、子どもに対する適切な配慮がなされていない様子がありました。職員の話し合いでは、Gさんが仕事をしながら、生活全般を一人で担わなければならない大変さを理解し、気持ちに寄り添いながら支援していくことが重要だということが確認されました。

第六条に「生きる権利・育つ権利」があります。しかし、さまざまな事情から、子どもが生き、育つことに関わる適切な配慮を、保護者が行うことが難しい場合があります。そうした場合に、子どもの権利が守られるよう、保護者の子育てを支援していくことが求められます。

子どもの権利を守ることが大切ですが、各家庭にさまざまな事情がありますし、保護者にも人権があります。保護者自身の尊厳が守られていなければ、保護者が子どもの尊厳を守ることは難しくなります。この事例の保育者も気づきとして述べていますが、まずは、保護者とのコミュニケーションを通じて信頼関係を構築していくことが大切でしょう。保育者と保護者の信頼関係があってこそ、保護者は保育者からの助言を素直に受け入れられるようになるのではないかと思います。そうなるまでに時間がかかる場合もあります。

ただし、保護者によっては、経済状況や精神状態に深刻な困難を抱えており、早急な対応や専門的な対応が必要な場合もあります。保育所保育指針にも述べられているように、子育ての支援にあたっては、地域の関係機関等との連携や協働を図ることが求められます。また、園で対応する際にも、担任保育者が一人で抱えるのではなく、園全体で体制構築を行い、チームで支援することが必要です。保護者への支援についても、子どもの権利を保障するという観点から、園全体で考えてみてください。

2 事例 噛みつきについての相談

・I児の母親Jさんより、I児の妹への噛みつきについて相談される。保育者が、そのときにどのように対応するか尋ねると、Jさんは、「口で言っても伝わらないから、自分がやり返している」と答える。保育者は、Jさんの気持ちに理解を示しつつ、「園では、いけない理由も含めて真剣に伝えると、噛みつきが減ってきた」ということを報告した上で、「分からないと決めつけないで、I児のことを真剣に考えているという気持ちをもって、言葉で伝えていくようにしてあげて」ということを伝える。その日以降、園での噛みつきはなくなった。

第五条「親の指導を尊重」では、「親(保護者)は、子どもの発達に応じて、適切な指導をします。国は、親の指導を尊重します」と説明されています。しかし、さまざまな事情によって、保護者が子どもの発達に応じた関わりをすることが難しい場合があります。子どもと関わった経験がほとんどないままに親になり、子どもと関わることに苦手意識をもっているという場合も多くあるのではないでしょうか。

この事例で、母親のJさんは「口で言っても伝わらないから」と、自分がやり返すという方法で対応しています。保育者は、そのことがI児の行動をエスカレートさせているのではないかと考え、園での関わりも例として示しながら、対応の仕方を具体的に伝えています。この後、園での噛みつきがなくなったということは、Jさんは、保育者に言われたことを実際に家庭で実行したのではないかと思います。

このように、助言したことを保護者に実行してもらえるということは、それまでに信頼関係を構築してきたということが背景にあると考えられます。家庭での噛みつきについてJさんの方から相談してもらえたのも、普段から良好なコミュニケーションを行ってきたからだと思います。また、本事例の保育者は、一度にたくさん伝えると混乱するのでポイントを絞って伝えたと述べています。伝えたいことはたくさんあったとしても、実行に移してもらうことがもっとも大切ですので、実行できそうなことにポイントを絞ることはとても重要だと思います。

本事例のJさんが「口で言っても伝わらないからやり返してしまう」というのは、第三者からすると逆効果なのではないかと思われるでしょう。しかし、当事者にとっては、必死の対応なのだと思います。子どもと関わった経験も、子育てについて学んだ経験もないまま親になるという場合、どのように関わったらよいのか、どのように子育てしたらよいのか分からないのは当然のことです。子どもの祖父母や先輩ママ・パパなど、周囲に助けてくれる人や教えてくれる人がいない場合もあります。インターネット上には多くの情報が溢れていますが、自分の子どもにあてはまる情報が常にあるというわけではないですし、不安を煽るような情報もたくさんあります。

園では、子どもと保護者の様子が分かっているからこそ、双方に寄り添った的確な助言や支援ができる場合も多いと思います。この事例のように、少し関わり方を変えてみたら子どもが落ち着いてくるということが起これば、保護者にとって成功体験となります。園への信頼も増すでしょう。事態が深刻化する前に保護者が相談できるような関係づくりも、子どもの権利を守ることにつながるのだと思います。

3 身近な事例から子どもの権利を考えよう

以上、「言葉」「生活」「遊びや行事」「家庭との関係」というテーマで、子どもの権利の視点から、具体的な事例について考えてきました。自園でも同じような経験をした事例はあったでしょうか。普段、悪気なく言っていること、何気なく対応していることが、子どもの誇りや尊厳を傷つけるという場合があることに、改めて気づかれたかもしれません。また、保育の実践や保護者への支援が、子どもの権利の保障とつながっていることも事例から見えてきたと思います。

今、大人である私たちの子ども時代は、子どもの権利について十分に認識されていなかった時代だったと思います。子どもの頃に園や学校で、きつい言葉、厳しい言葉を言われた経験がある、配慮に欠けた対応を受けた経験があるという方も多くおられるのではないでしょうか。自分自身の子どもの頃の経験から、つい無意識のうちに同じようなきつい言葉を言ってしまう、十分な配慮のない行動をとってしまうということもあるかもしれません。しかし、STEP1でも述べられたように、子どもの基本的人権を国際的に保障するために「子どもの権利条約」が定められ、日本も批准しています。子どもの最善の利益は保育所保育指針にも明記されています。

子どもの尊厳を大人が平気で傷つける時代は、もう終わりにしたいと思いませんか。子どもも大人も、互いに人間としての尊厳を大切にし合える関係性をどのようにしたら築けるでしょうか。もちろん、保育者と保護者の関係性、保育者同士の関係性の中で、大人同士が尊厳を傷つけ合うということもなくしていかなければならないと思います。そして、ぜひ、皆さんも自園で経験した事例を挙げて、話し合ってみてください。子どもの権利を守るということは、保育者だけに課されてている課題ではありません。さまざまな職種や立場のすべての職員で共有することが必要です。さらに、保護者や地域の人々とともに考えていけるとよいと思います。すべての大人が子どもの権利の考え方を知り、子どもの権利を守る行動を実行できるようになることを目指しつつ、まずは身近な事例から考えていただけたらと思います。

第一条（子どもの定義）　一八歳になっていない人を子どもとします。

第二条（差別の禁止）　すべての子どもは、みんな平等にこの条約にある権利をもっています。子どもは、国のちがいや、男か女か、どのようなことばを使うか、どんな宗教を信じているか、どんな意見をもっているか、心やからだに障がいがあるかないか、お金持ちであるかないか、親がどういう人であるか、などによって差別されません。

第三条（子どもにもっともよいことを）　子どもに関係のあることを行うときには、子どもにもっともよいことは何かを第一に考えなければなりません。

第四条（国の義務）　国は、この条約に書かれた権利を守るために、必要な法律を作ったり政策を実行したりしなければなりません。

第五条（親の指導を尊重）　親（保護者）は、子どもの発達に応じて、適切な指導をします。国は、親の指導を尊重します。

第六条（生きる権利・育つ権利）　すべての子どもは、生きる権利・育つ権利をもっています。

第七条（名前・国籍をもつ権利）　子どもは、生まれたらすぐに登録（出生届など）されなければなりません。子どもは、名前や国籍をもち、親を知り、親に育ててもらう権利をもっています。

第八条（名前・国籍・家族関係を守る）　国は、子どもの名前や国籍、家族の関係がむやみにうばわれることのないように守らなくてはなりません。

第九条（親と引き離されない権利）　子どもには、親と引き離されない権利があります。子どもにもっともよいという理由から引き離されることも認められますが、その場合は、親と会ったり連絡したりすることができます。

第一〇条（別々の国にいる親と会える権利）　国は、別々の国にいる親と子どもが会ったりいっしょにくらしたりするために、国を出入りできるよう配慮します。親がちがう国に住んでいても、子どもは親と連絡をとることができます。

第一一条（よその国に連れさられない権利）　国は、子どもが国の外へ連れさられたり、自分の国にもどれなくならないようにします。

第一二条（意見を表す権利）　子どもは、自分に関係のあることについて自由に自分の意見を表す権利をもっています。その意見は、子どもの発達に応じて、じゅうぶん考慮されなければなりません。

第一三条（表現の自由）　子どもは、自由な方法でいろいろな情報や考えを伝える権利、知る権利をもっています。

第一四条（思想・良心・宗教の自由）　子どもは、思想・良心・宗教の自由についての権利をもっています。

第一五条（結社・集会の自由）　子どもは、ほかの人びとと一緒に団体をつくったり、集会を行ったりする権利をもっています。

第一六条（プライバシー・名誉は守られる）　子どもは、自分や家族、住んでいるところ、電話や手紙などのプライバシーが守られます。また、他人から誇りを傷つけられない権利をもっています。

第一七条（適切な情報の入手）　子どもは、自分の成長に役立つ多くの情報を手に入れることができます。国は、マスメディア（本・新聞・テレビなど）が、子どものためになる情報を多く提供するようにすすめ、子どもによくない情報から子どもを守らなければなりません。

第一八条（子どもの養育はまず親に責任）　子どもを育てる責任は、まずその父母にあります。国はその手助けをします。

第一九条（暴力などからの保護）　親（保護者）が子どもを育てている間、どんなかたちであれ、子どもが暴力をふるわれたり、不当な扱いなどを受けたりすることがないように、国は子どもを守らなければなりません。

第二〇条（家庭を奪われた子どもの保護）　家庭を奪われた子どもや、その家庭環境にとどまることが子どもにとってよくないと判断され、家庭にいることができなくなった子どもは、かわりの保護者や家庭を用意してもらうなど、国から守ってもらうことができます。

第二一条（養子縁組）　子どもを養子にする場合には、その子どもにとって、もっともよいことを考え、その子どもや新しい父母のことをしっかり調べたうえで、国や公の機関だけが養子縁組を認めることができます。

第二二条（難民の子ども）　自分の国の政府からのはく害をのがれ、難民となった子どもは、のがれた先の国で守られ、援助を受けることができます。

第二三条（障がいのある子ども）　心やからだに障がいがある子どもは、尊厳が守られ、自立し、社会に参加しながら生活できるよう、教育や訓練、保健サービスなどを受ける権利をもっています。

第二四条（健康・医療への権利）　子どもは、健康でいられ、必要な医療や保健サービスを受ける権利をもっています。

第二五条（施設に入っている子ども）　施設に入っている子どもは、その扱いがその子どもにとってよいものであるかどうかを定期的に調べてもらう権利をもっています。

第二六条（社会保障を受ける権利）　子どもは、生活していくのにじゅうぶんなお金がないときには、国からお金の支給などを受ける権利をもっています。

第二七条（生活水準の確保）　子どもは、心やからだのすこやかな成長に必要な生活を送る権利をもっています。親（保護者）はそのための第一の責任者ですが、親の力だけで子どものくらしが守れないときは、国も協力します。

第二八条（教育を受ける権利）　子どもは教育を受ける権利をもっています。国は、すべての子どもが小学校に行けるようにしなければなりません。さらに上の学校に進みたいときには、みんなにそのチャンスが与えられなければなりません。学校のきまりは、子どもの尊厳が守られるという考え方からはずれるものであってはなりません。

第二九条（教育の目的）　教育は、子どもが自分のもっている能力を最大限のばし、人権や平和、環境を守ることなどを学ぶためのものです。

第三〇条（少数民族・先住民の子ども）　少数民族の子どもや、もとからその土地に住んでいる人びとの子どもは、その民族の文化や宗教、ことばをもつ権利をもっています。

第三一条（休み、遊ぶ権利）　子どもは、休んだり、遊んだり、文化芸術活動に参加する権利をもっています。

第三二条（経済的搾取・有害な労働からの保護）　子どもは、むりやり働かされたり、そのために教育を受けられなくなったり、心やからだによくない仕事をさせられたりしないように守られる権利をもっています。

第三三条（麻薬・覚せい剤などからの保護）　国は、子どもが麻薬や覚せい剤などを売ったり買ったり、使ったりすることにまきこまれないように守らなければなりません。

第三四条（性的搾取からの保護）　国は、子どもが児童ポルノや児童買春などに利用されたり、性的な虐待を受けたりすることのないように守らなければなりません。

第三五条（誘拐・売買からの保護）　国は、子どもが誘拐されたり、売り買いされたりすることのないように守らなければなりません。

第三六条（あらゆる搾取からの保護）　国は、どんなかたちでも、子どもの幸せをうばって利益を得るようなことから子どもを守らなければなりません。

第三七条（拷問・死刑の禁止）　どんな子どもに対しても、拷問や人間的でないなどの扱いをしてはなりません。また、子どもを死刑にしたり、死ぬまで刑務所に入れたりすることは許されません。もし、罪を犯してたいほされても、尊厳が守られ年れいにあった扱いを受ける権利をもっています。

第三八条（戦争からの保護）　国は、一五歳にならない子どもを軍隊に参加させないようにします。また、戦争にまきこまれた子どもを守るために、できることはすべてしなければなりません。

第三九条（被害にあった子どもを守る）　虐待、人間的でない扱い、戦争などの被害にあった子どもは、心やからだの傷をなおし、社会にもどれるように支援を受けることができます。

第四〇条（子どもに関する司法）　罪を犯したとされた子どもは、ほかの人の人権の大切さを学び、社会にもどったとき自分自身の役割をしっかり果たせるようになることを考えて、扱われる権利をもっています。

＊「子どもの権利条約」の全文は第五四条まであり、政府訳版が公益財団法人日本ユニセフ協会のホームページでご覧になれます。ぜひ全文も確認しておきましょう。
https://www.unicef.or.jp/about_unicef/about_rig_all.html

執筆者一覧

●著　者

汐見稔幸（東京大学名誉教授・白梅学園大学名誉学長）

新保庄三（一般社団法人日本保育者支援協会共同代表）

野澤祥子（東京大学大学院教育学研究科附属発達保育実践政策学センター准教授）

〈掲載順／職名は執筆時現在〉

●執筆協力

花さき保育園（東京都東村山市）

認定こども園風の丘（千葉県松戸市）

武蔵野市立境保育園（東京都武蔵野市）

●企画協力

一般社団法人日本保育者支援協会

●本文イラスト

磯崎陽子

●著者プロフィール

汐見稔幸（しおみ・としゆき）

東京大学名誉教授・白梅学園大学名誉学長・全国保育者養成協議会会長・一般社団法人家族・保育デザイン研究所代表理事。東京大学大学院教育学研究科教授を経て、2007年10月から白梅学園大学教授・学長、2018年３月退職。専門は教育学、教育人間学、保育学、育児学。著書『汐見稔幸　こども・保育・人間』（Gakken保育Books）（新田新一郎編、汐見稔幸著、学研、2018年）ほか。

新保庄三（しんぼ・しょうぞう）

子ども総合研究所代表・一般社団法人日本保育者支援協会共同代表・社会福祉法人土の根会理事長。武蔵野市他、各地自治体で保育アドバイザーとして研修・相談活動に従事。1970年保育・福祉の専門出版社を設立。1987年子ども総合研究所の設立に参加。上越市の世代間交流保育システム構築研究会顧問、財団法人東京都助産師会館理事・評議員、東村山市花さき保育園園長等を経て現職。著書『保育者のための　コミュニケーション・トレーニングBOOK』（汐見稔幸・新保庄三編著、ぎょうせい、2019年）ほか。

野澤祥子（のざわ・さちこ）

東京大学大学院教育学研究科附属発達保育実践政策学センター（Cedep）准教授。東京家政学院大学准教授を経て2016年より現職。内閣府「子ども・子育て会議」委員、厚生労働省「保育所等における保育の質の確保・向上に関する検討会」委員等を歴任。専攻は発達心理学・保育学。Cedepでは乳幼児の発達、保育の実践と政策に関わる研究を行っている。著書『園づくりのことば：保育をつなぐミドルリーダーの秘訣』（分担執筆、丸善出版、2019年）ほか。

イラストBOOK たのしい保育

子どもの「じんけん」まるわかり

令和３年10月20日　第１刷発行
令和５年11月１日　第６刷発行

著　者　汐見稔幸　新保庄三　野澤祥子

発　行　株式会社ぎょうせい

〒136-8575　東京都江東区新木場1-18-11
URL：https://gyosei.jp

フリーコール　0120-953-431
ぎょうせい　お問い合わせ　検索　https://gyosei.jp/inquiry/

〈検印省略〉

印刷　ぎょうせいデジタル株式会社

ISBN978-4-324-10992-2
(3100552-01-003)
〔略号：たのしい保育（じんけん）〕